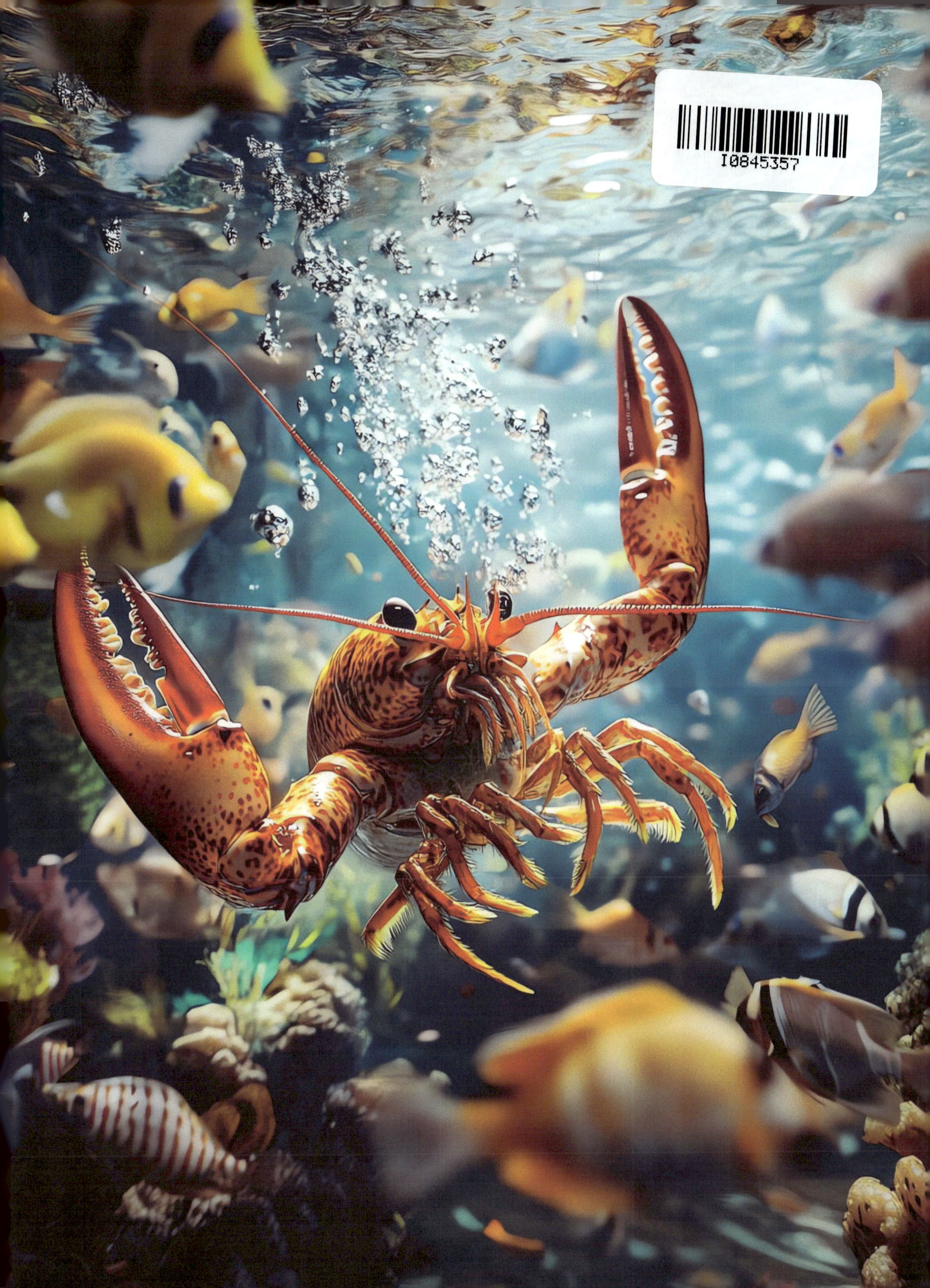

I0845357

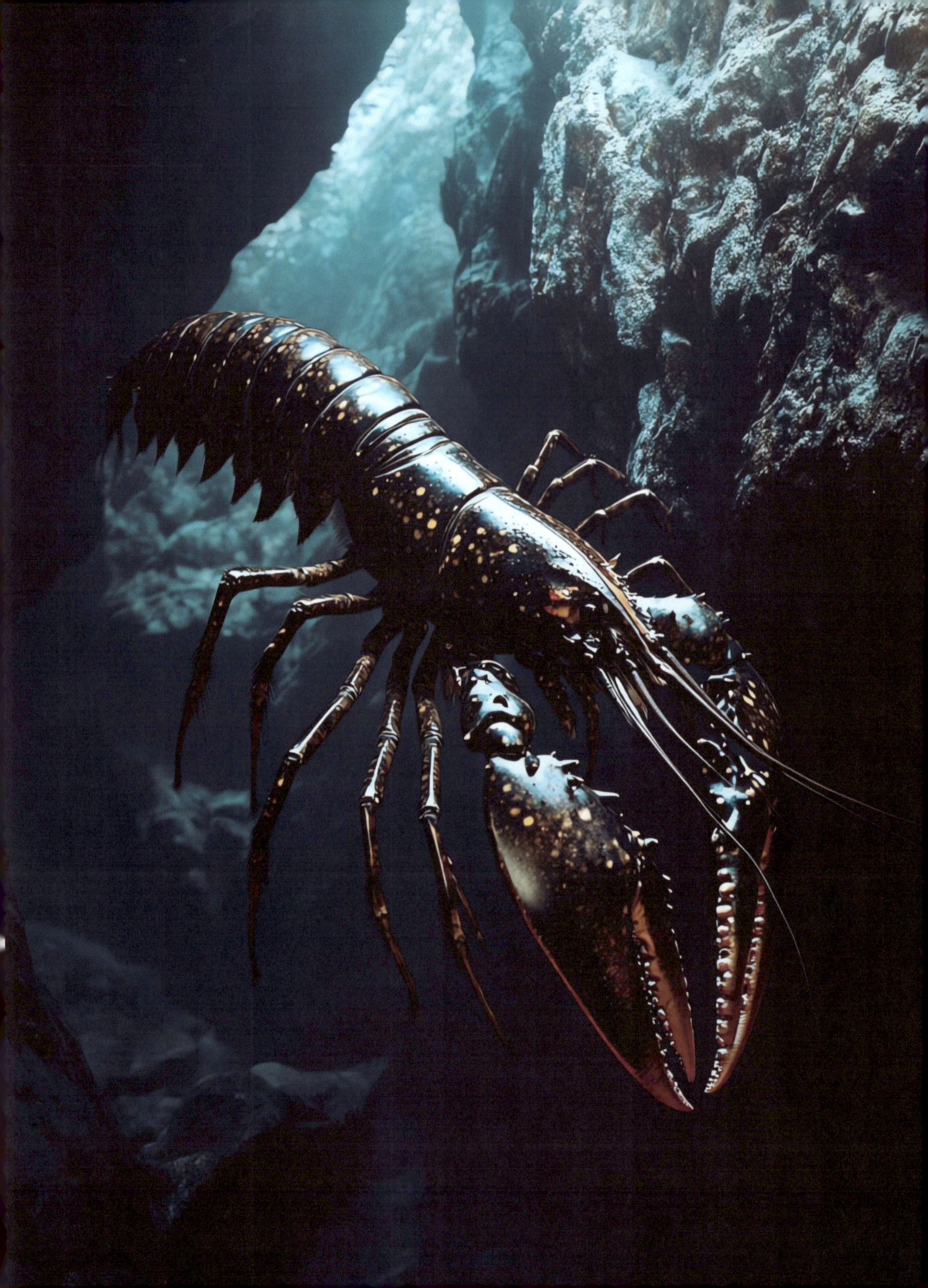

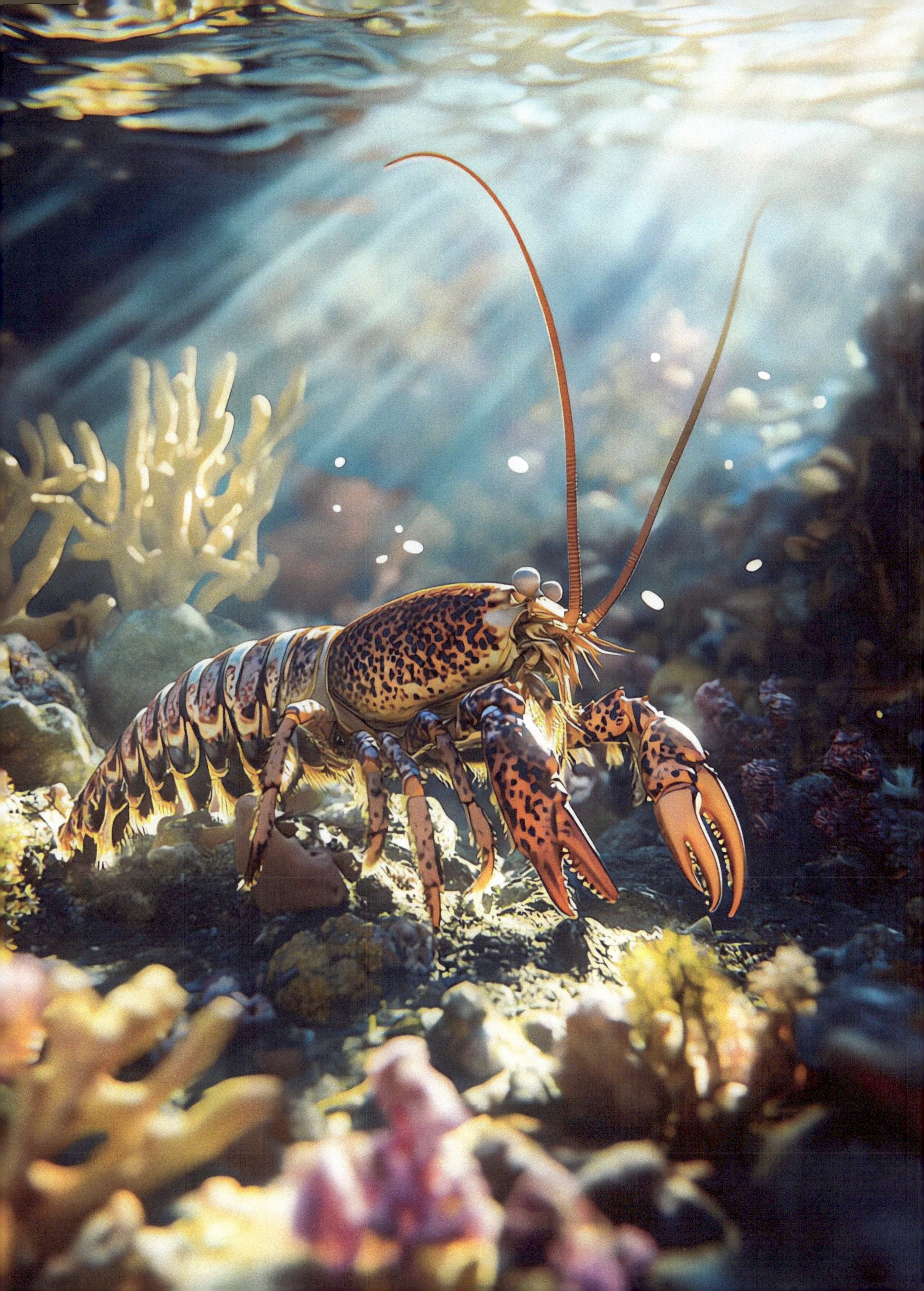

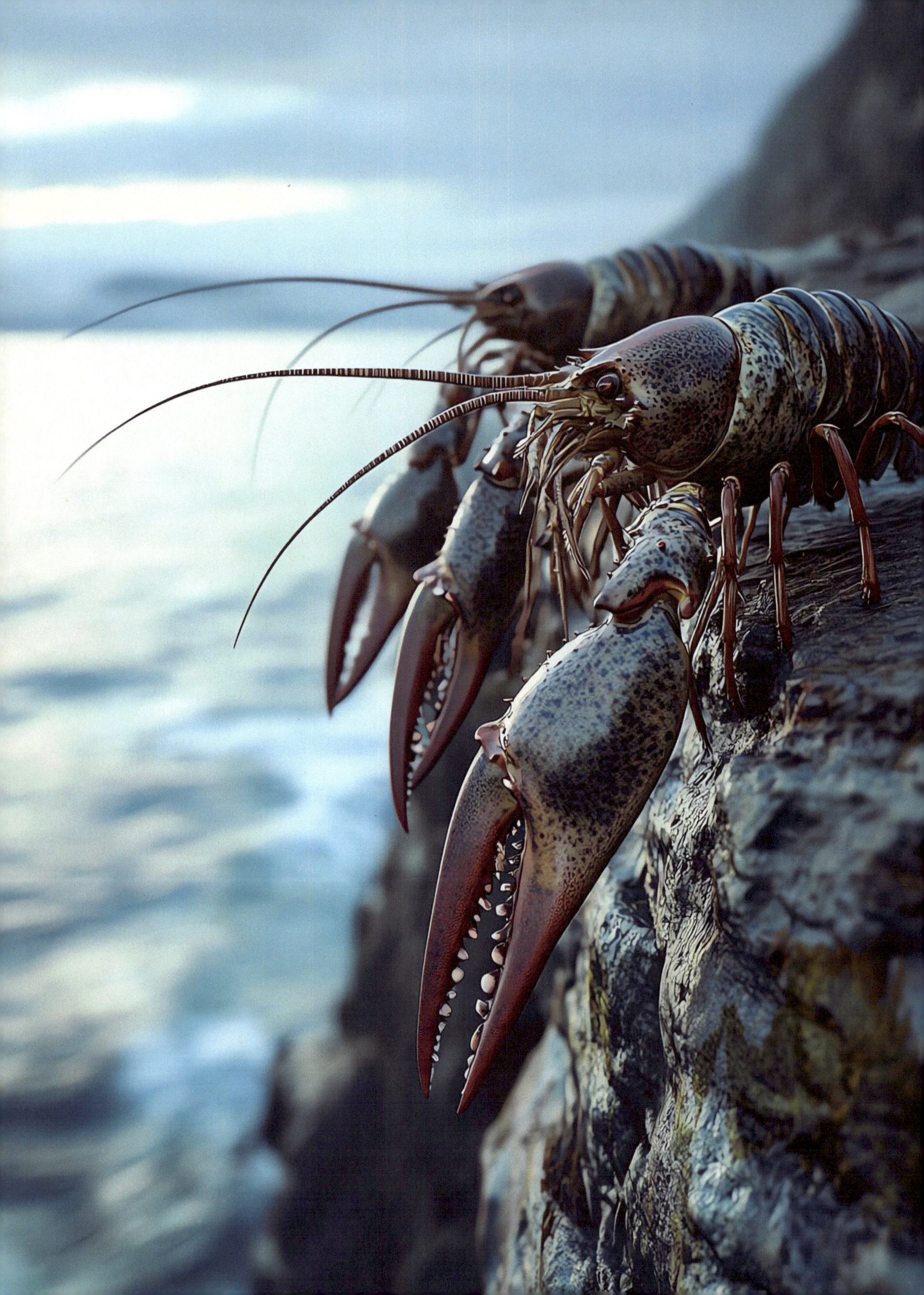

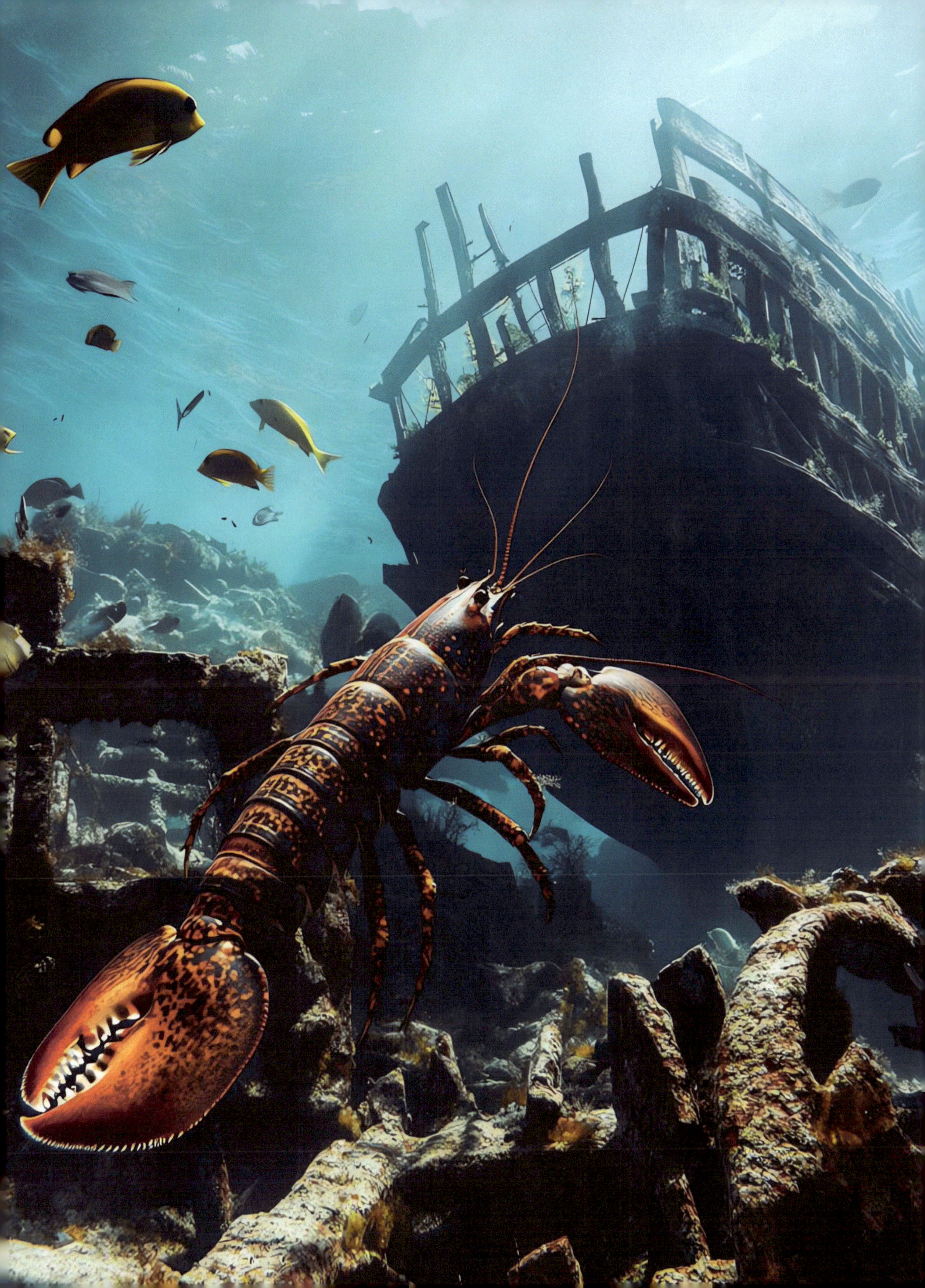

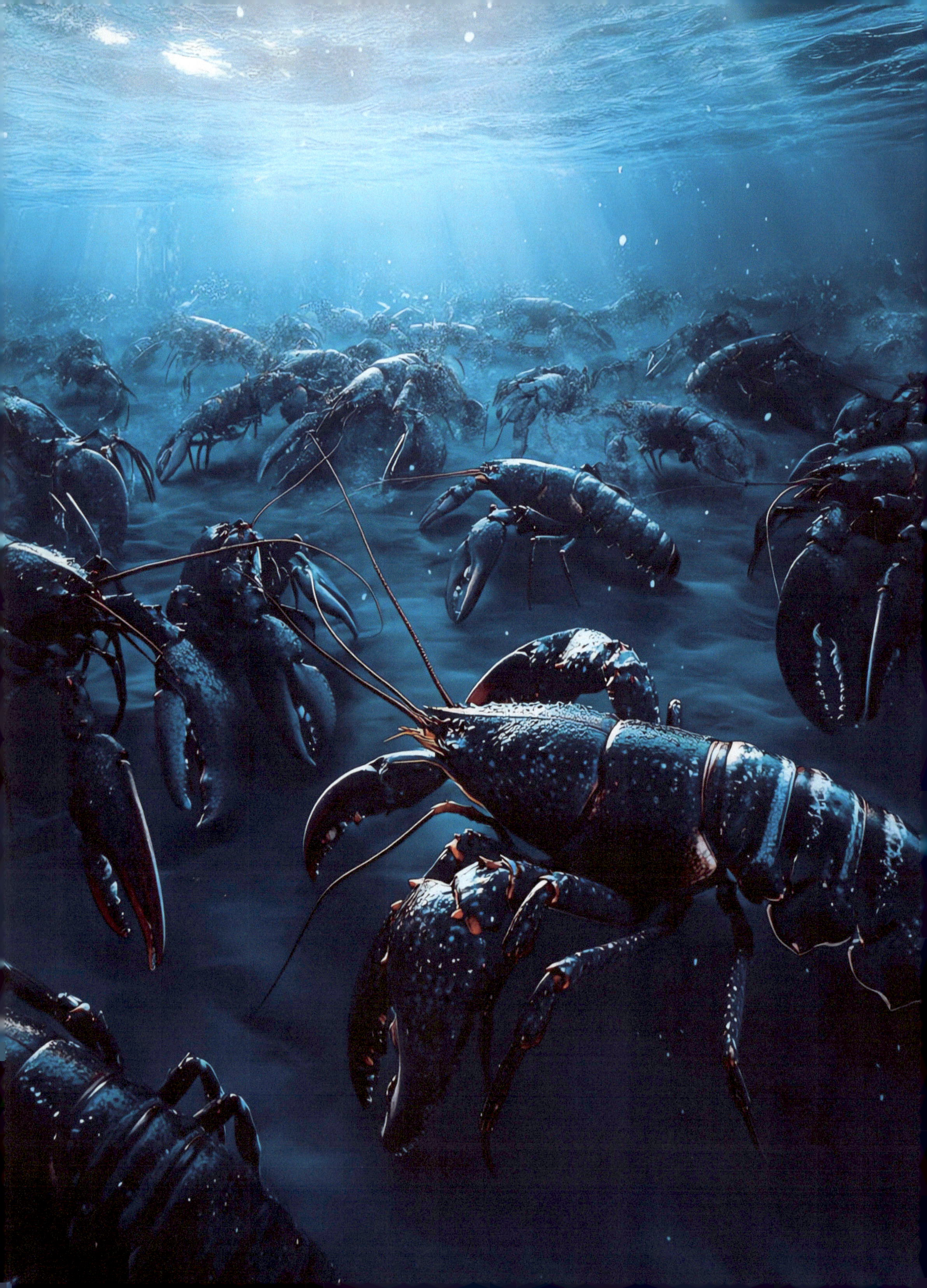

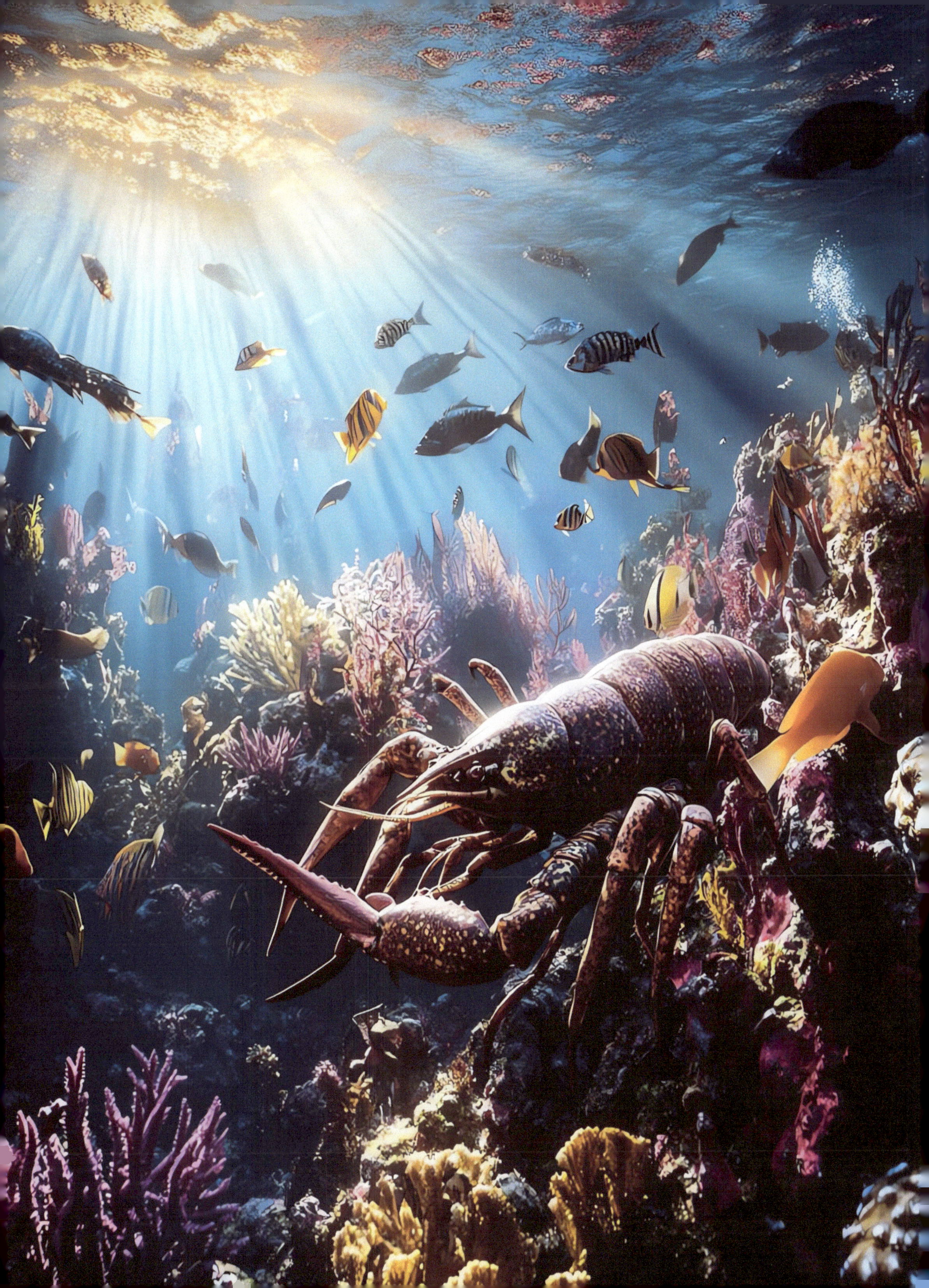

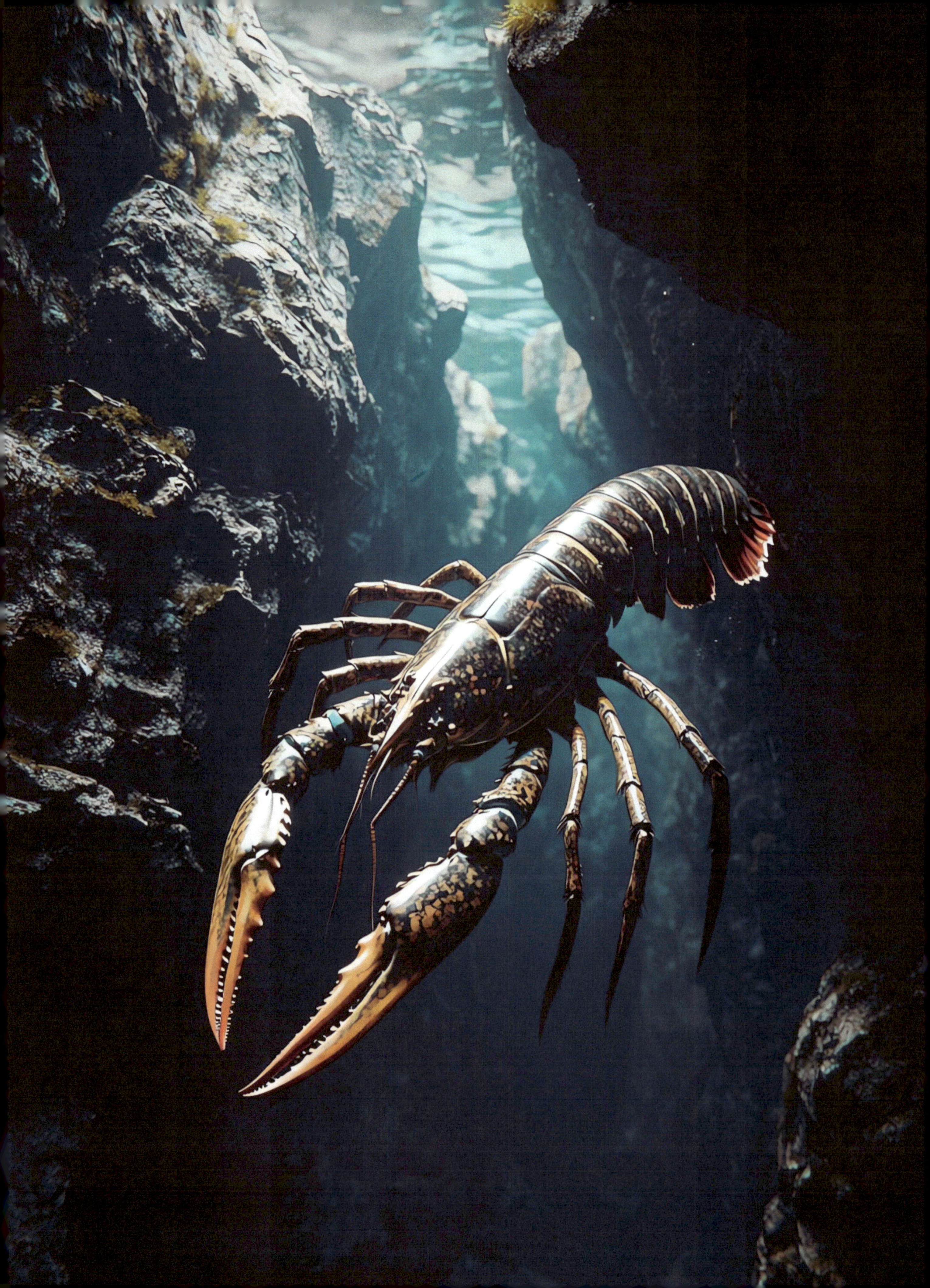

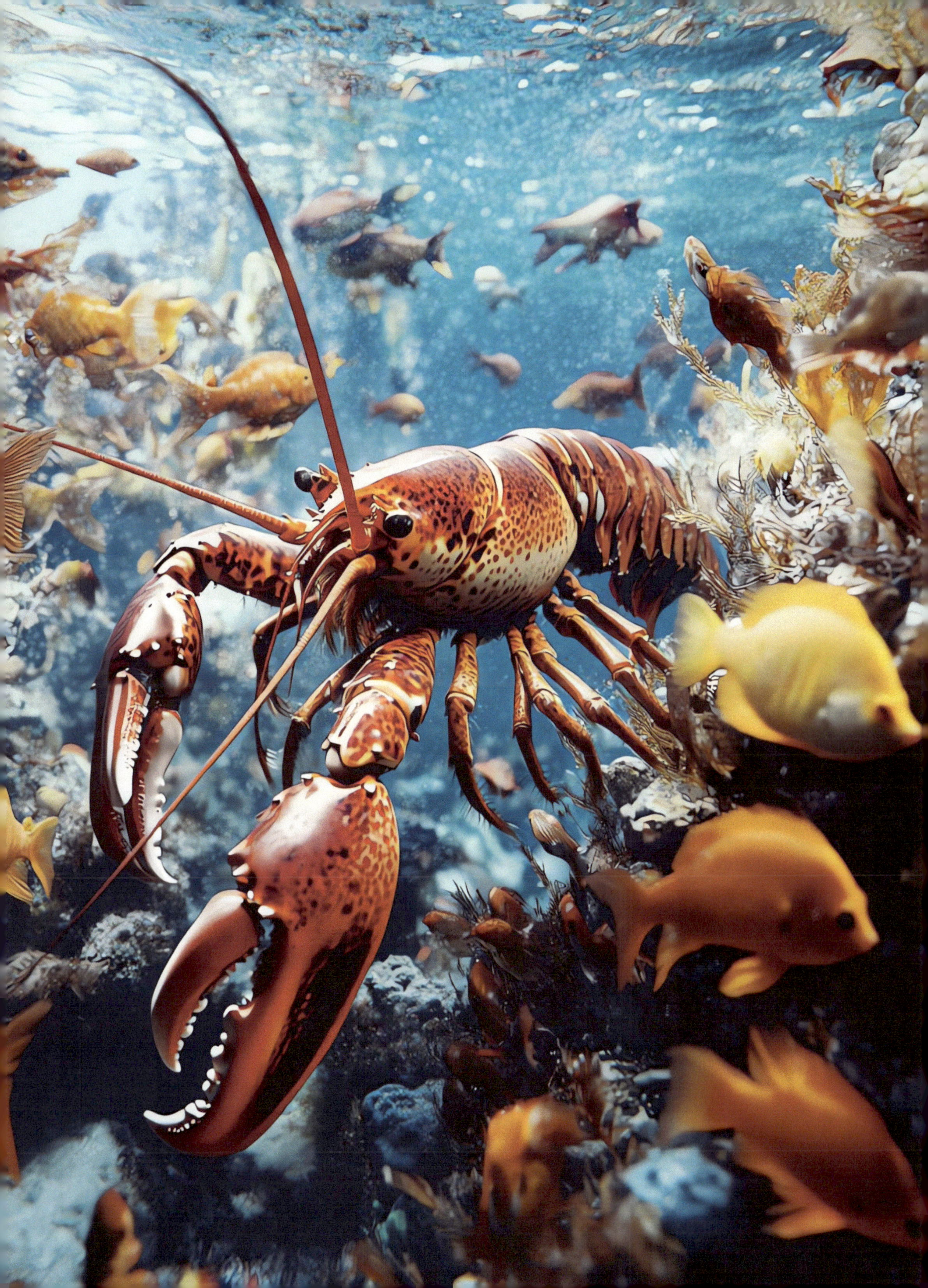

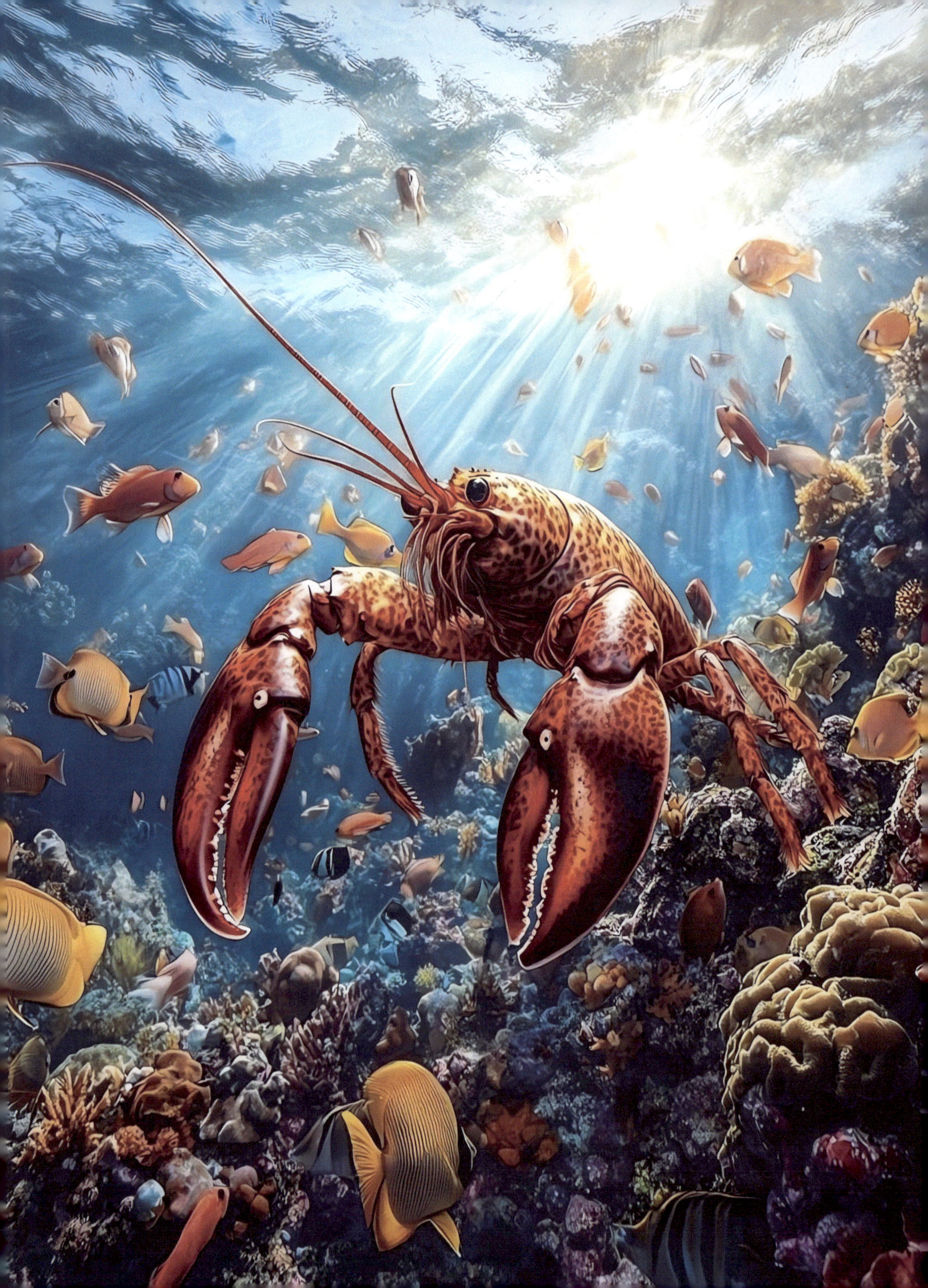

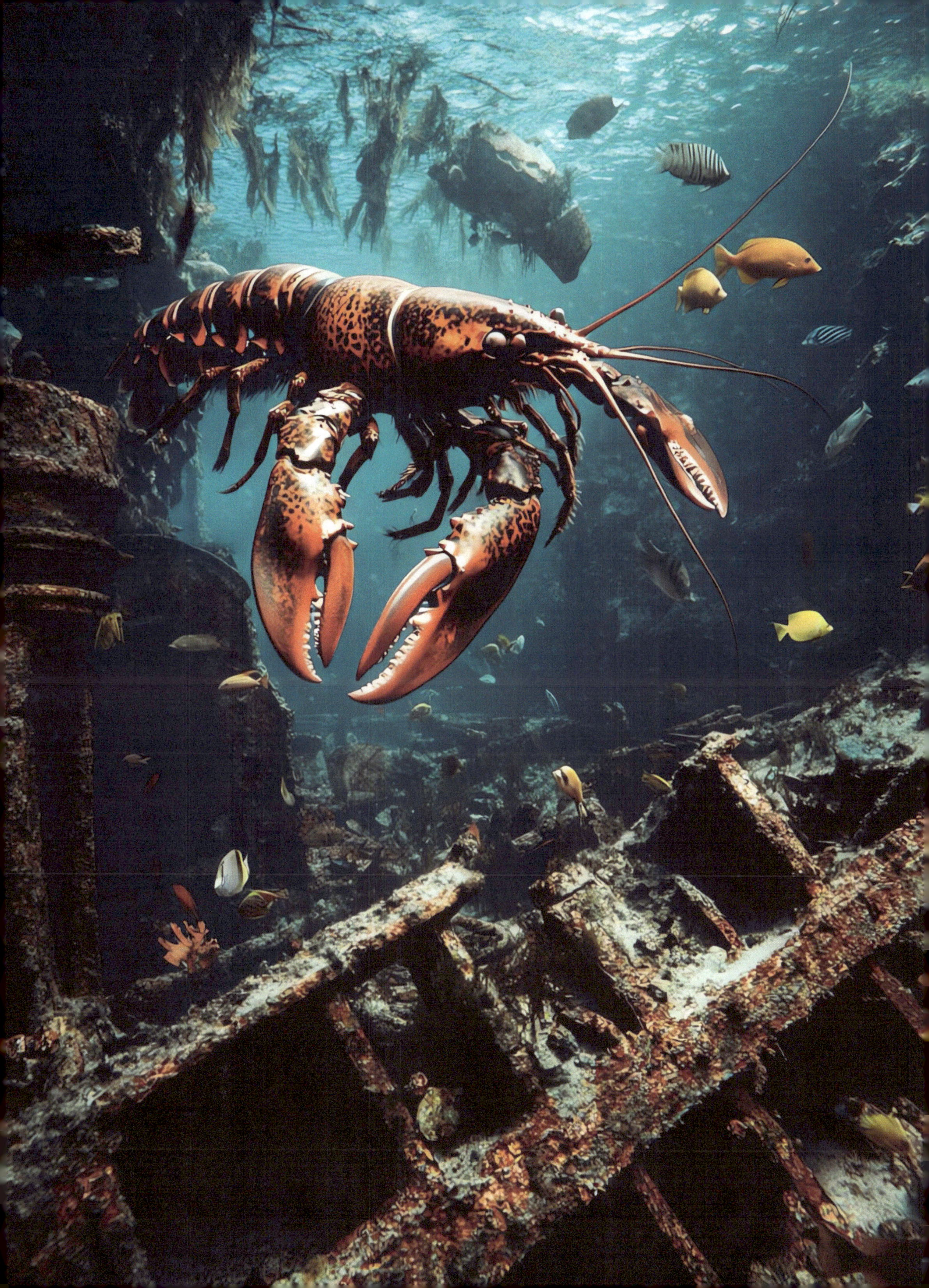

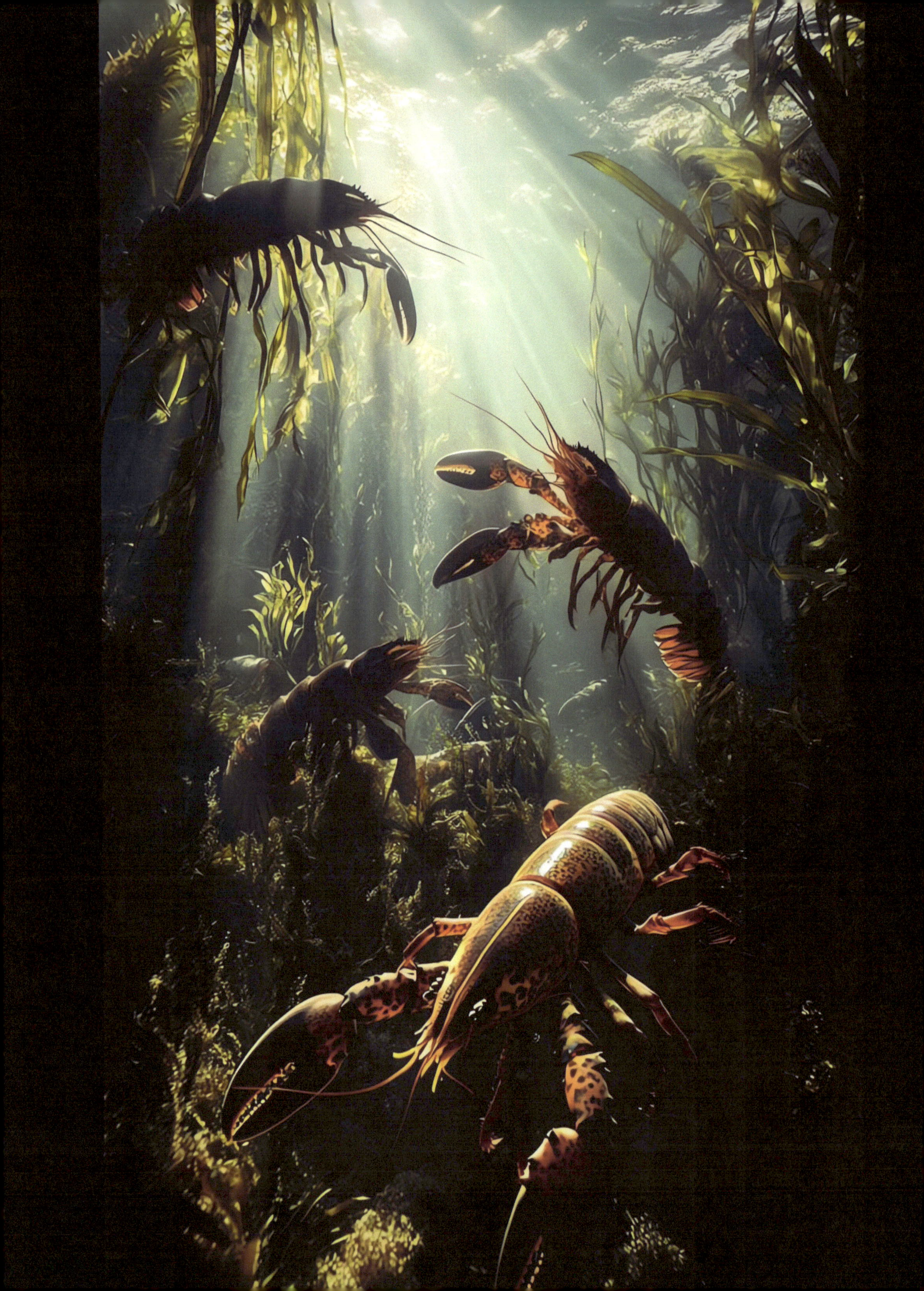

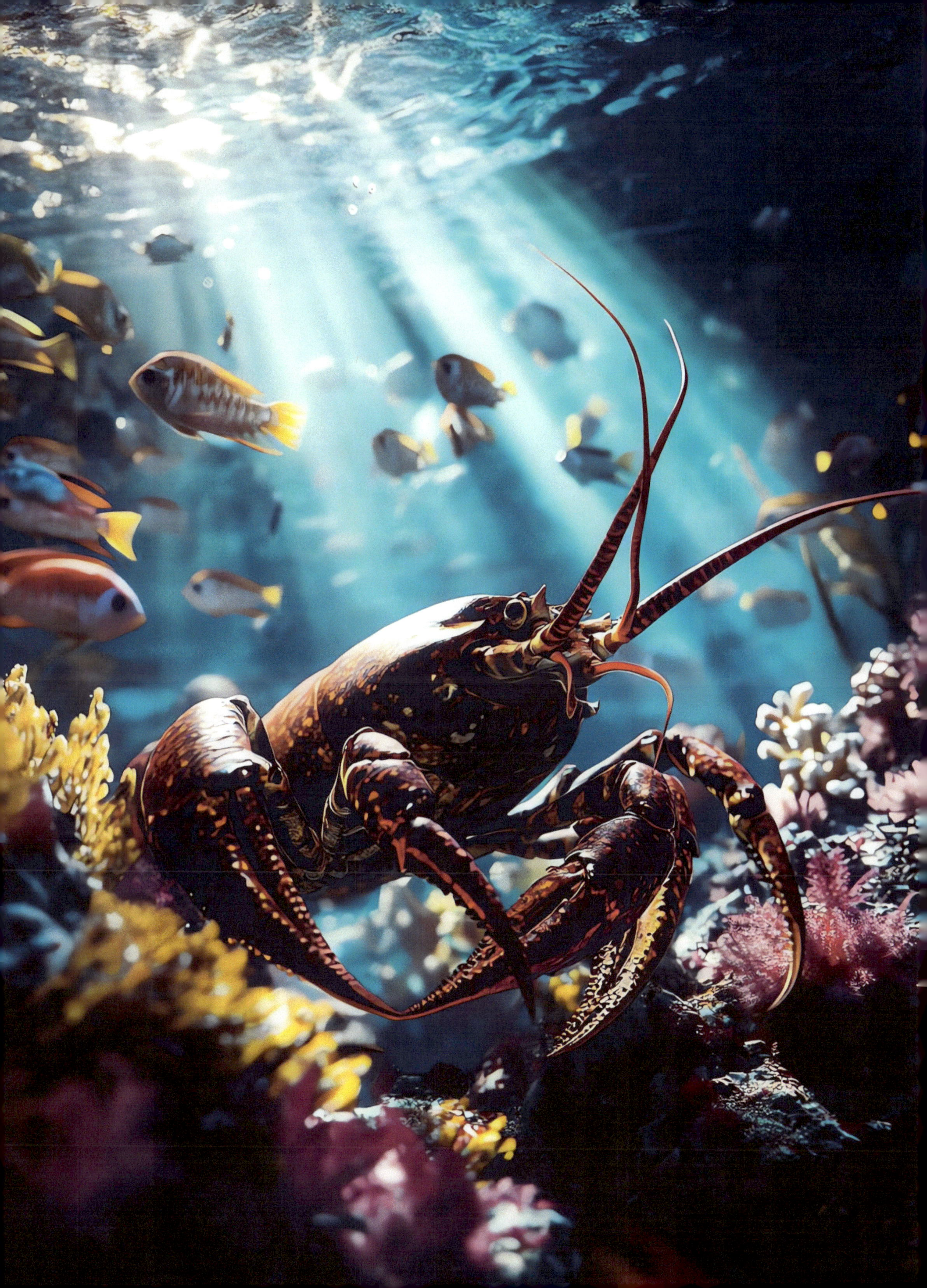

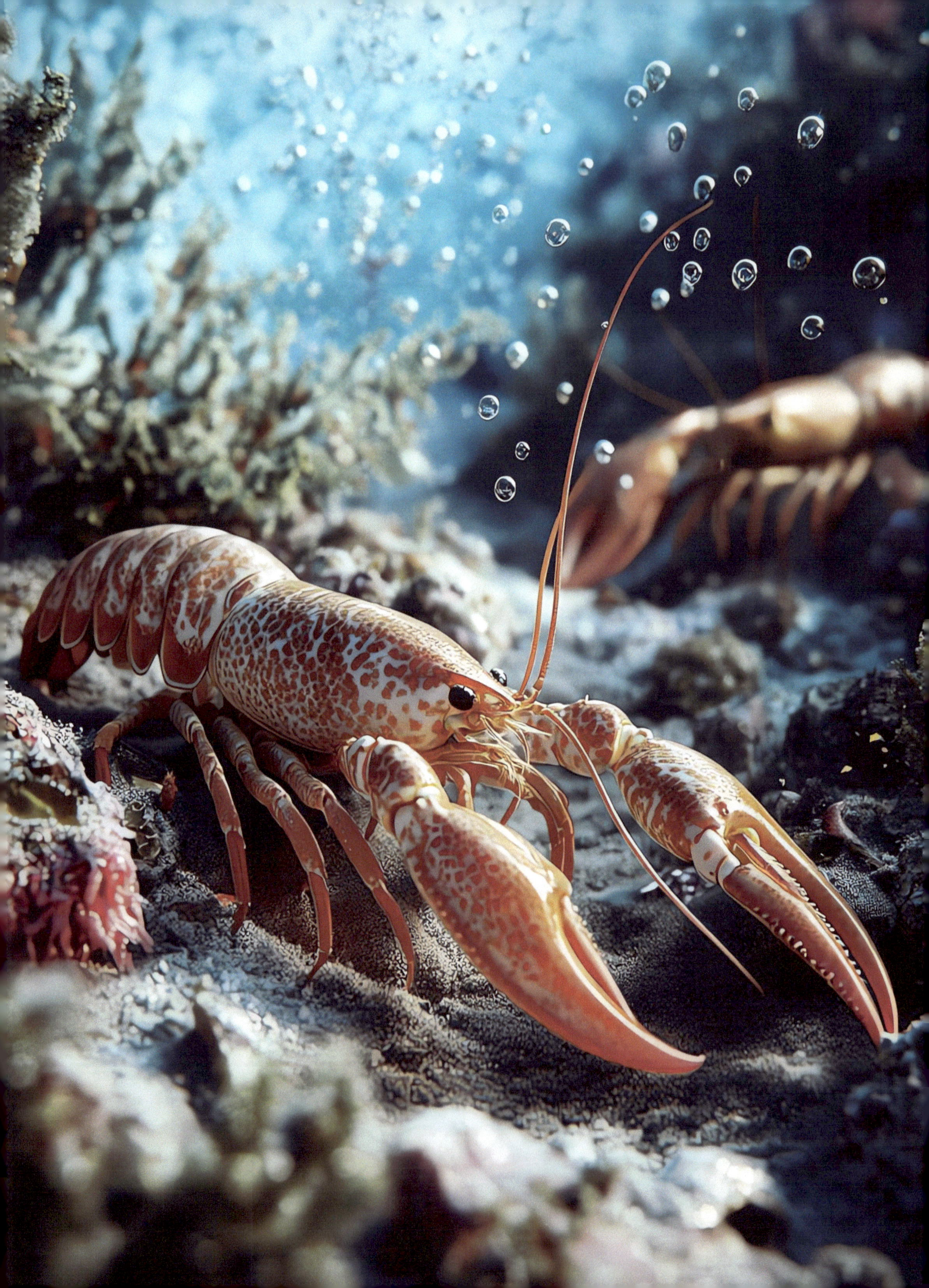

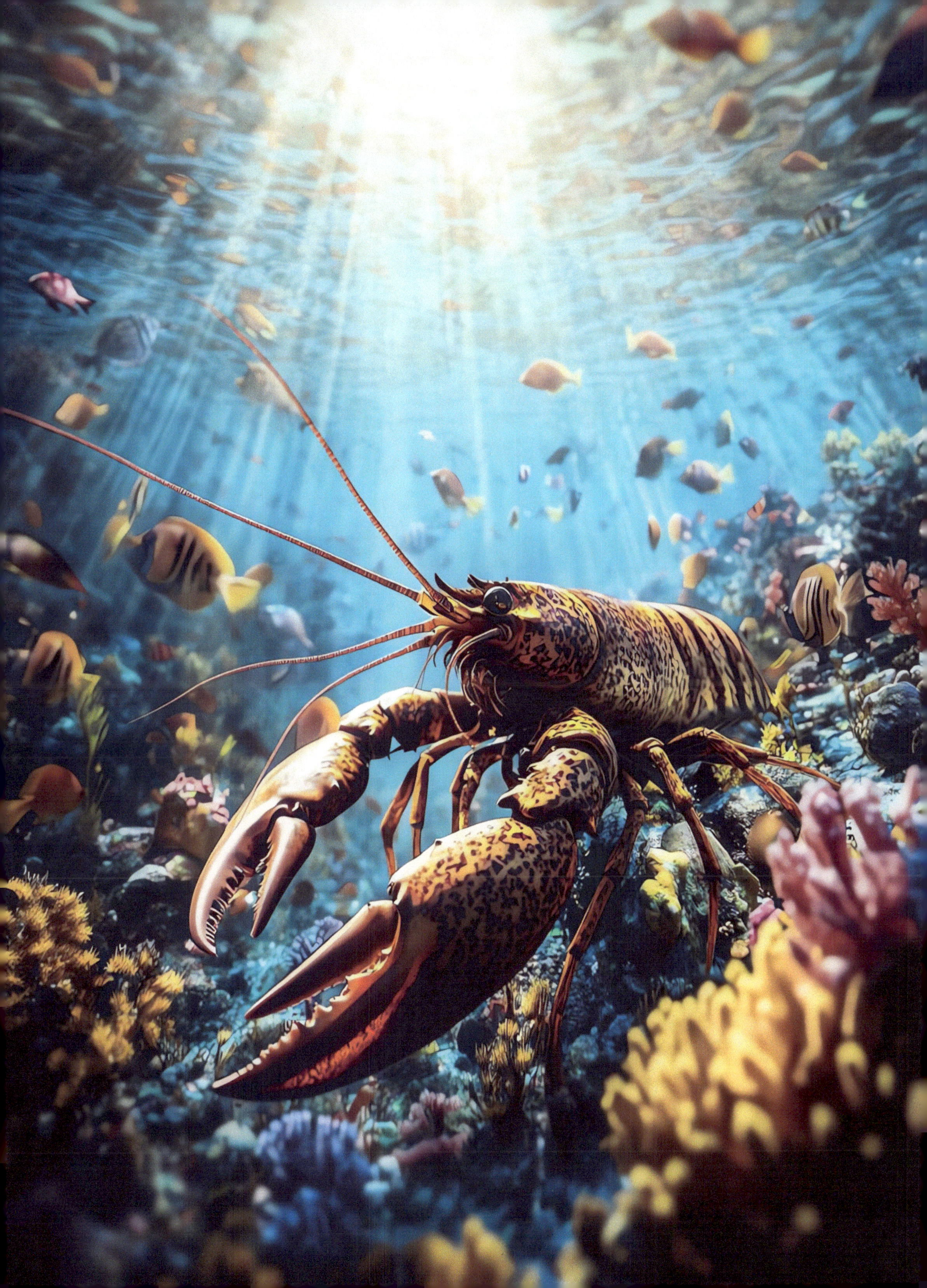

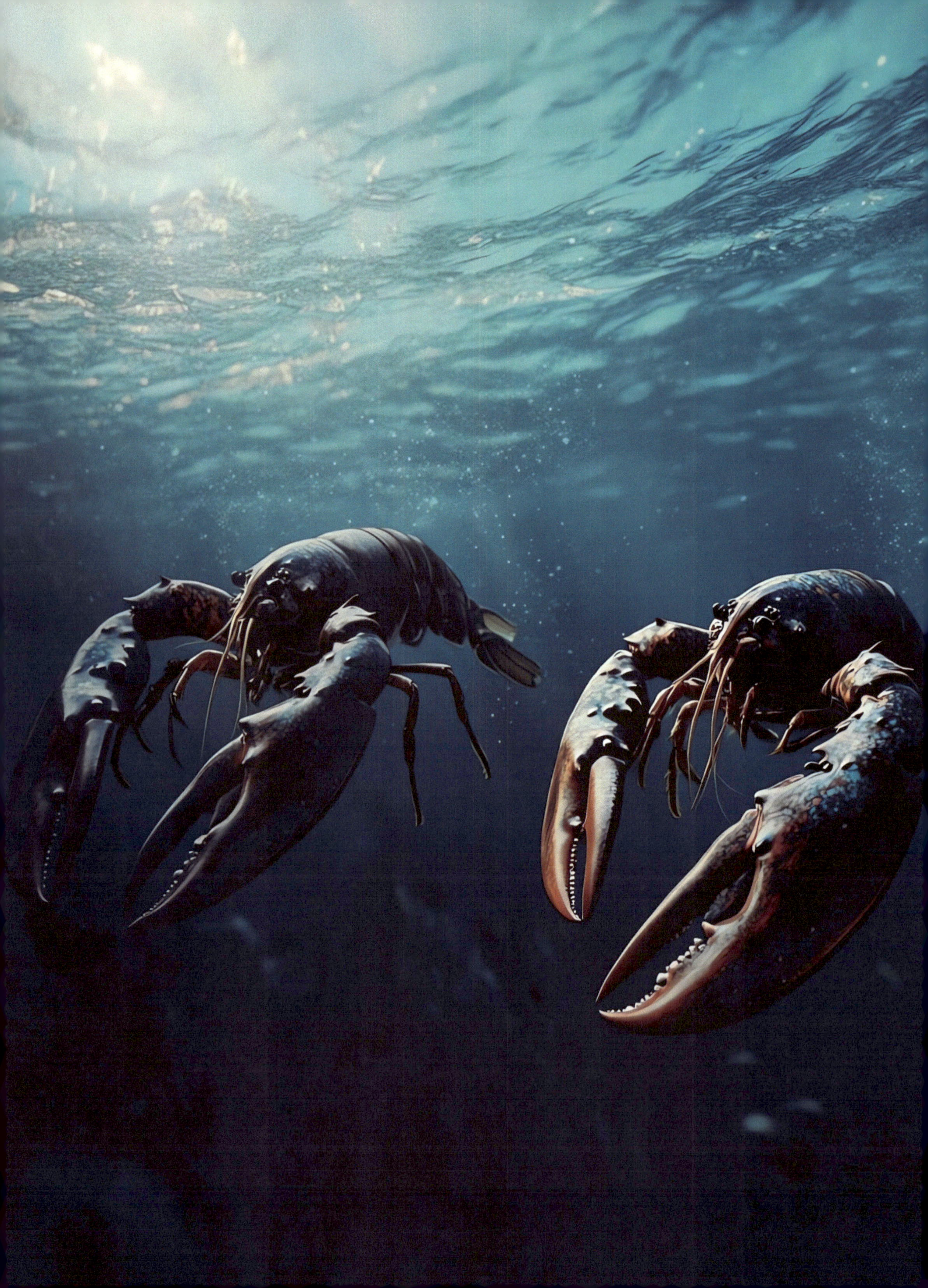

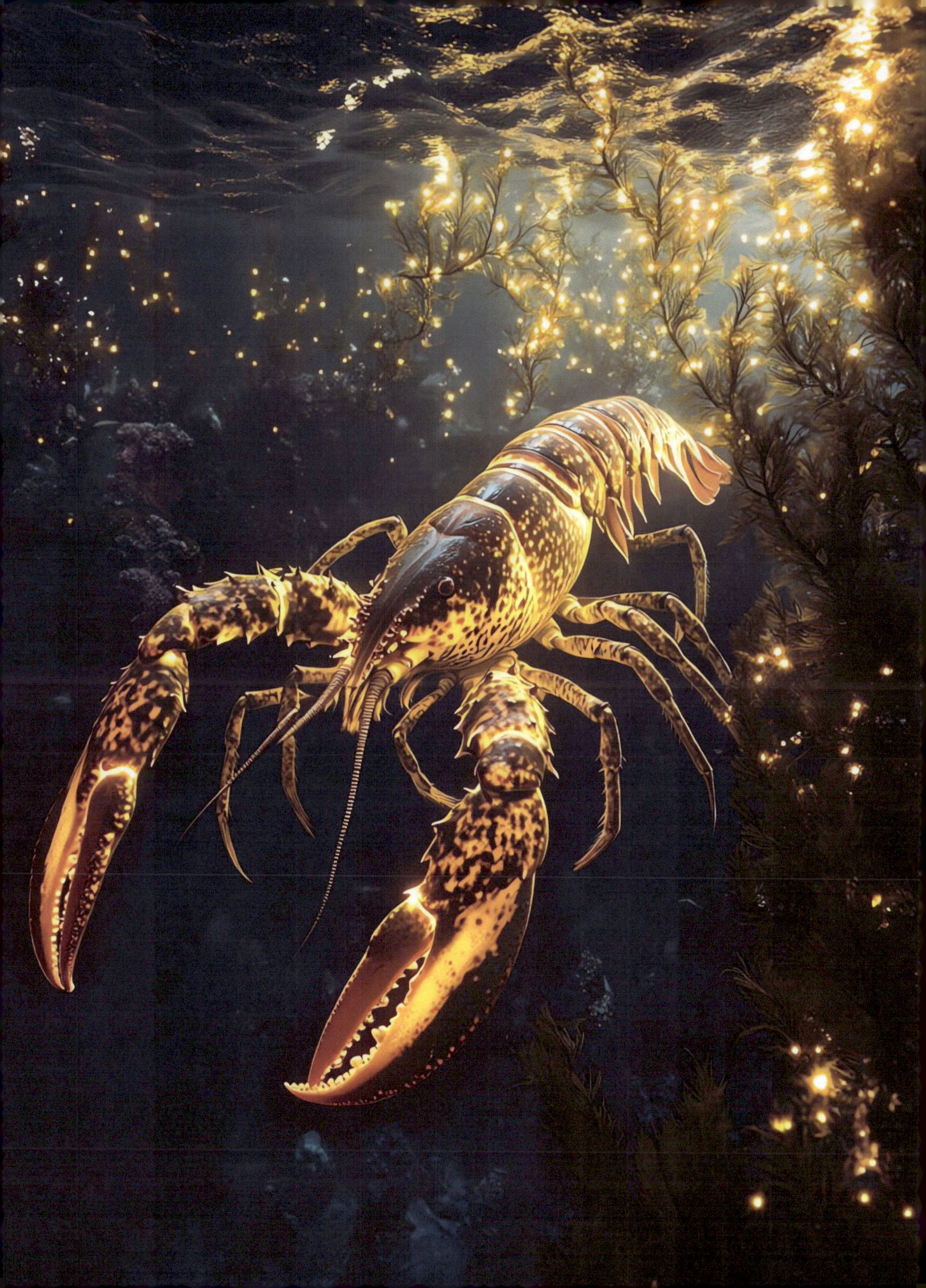

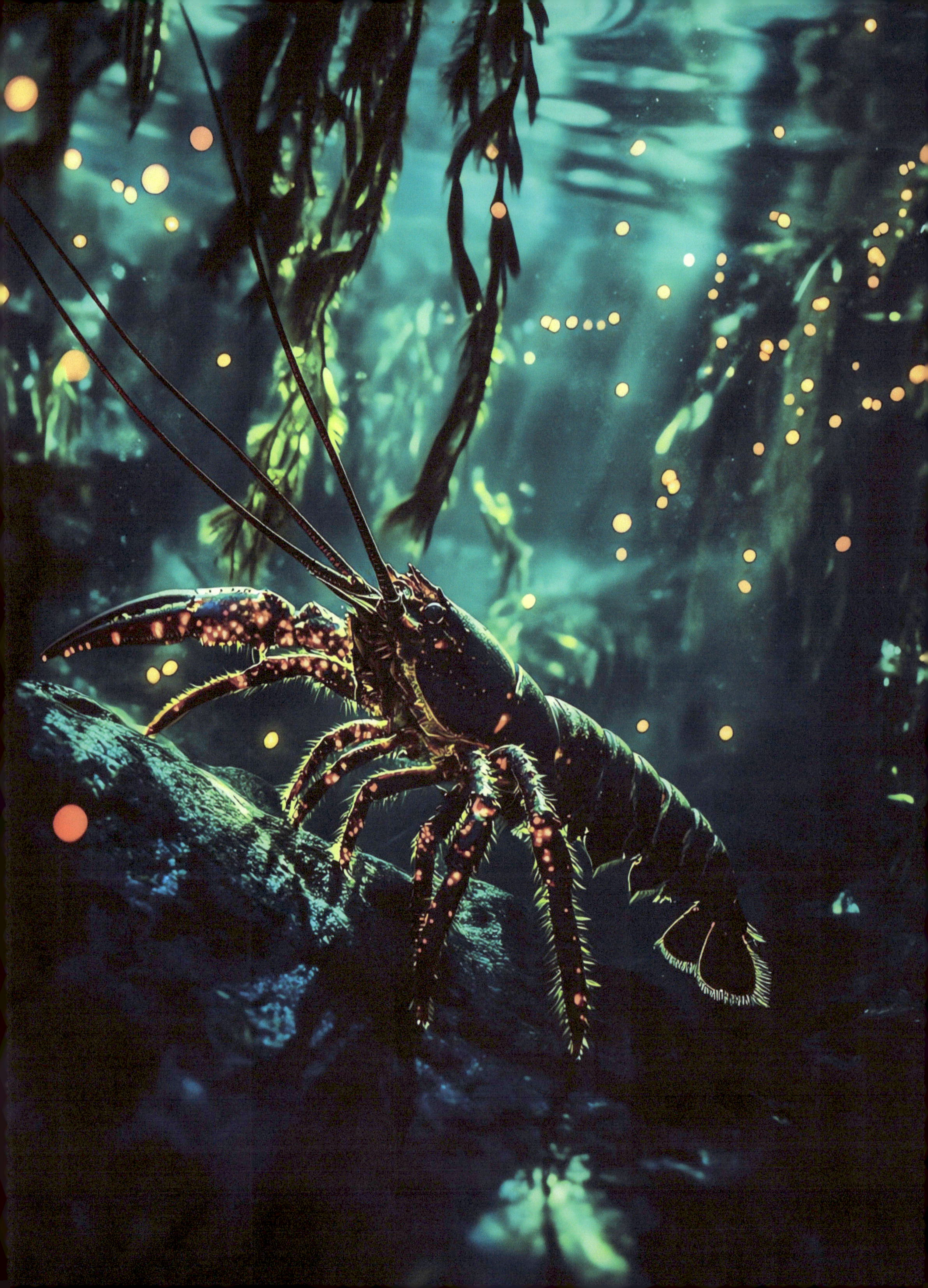

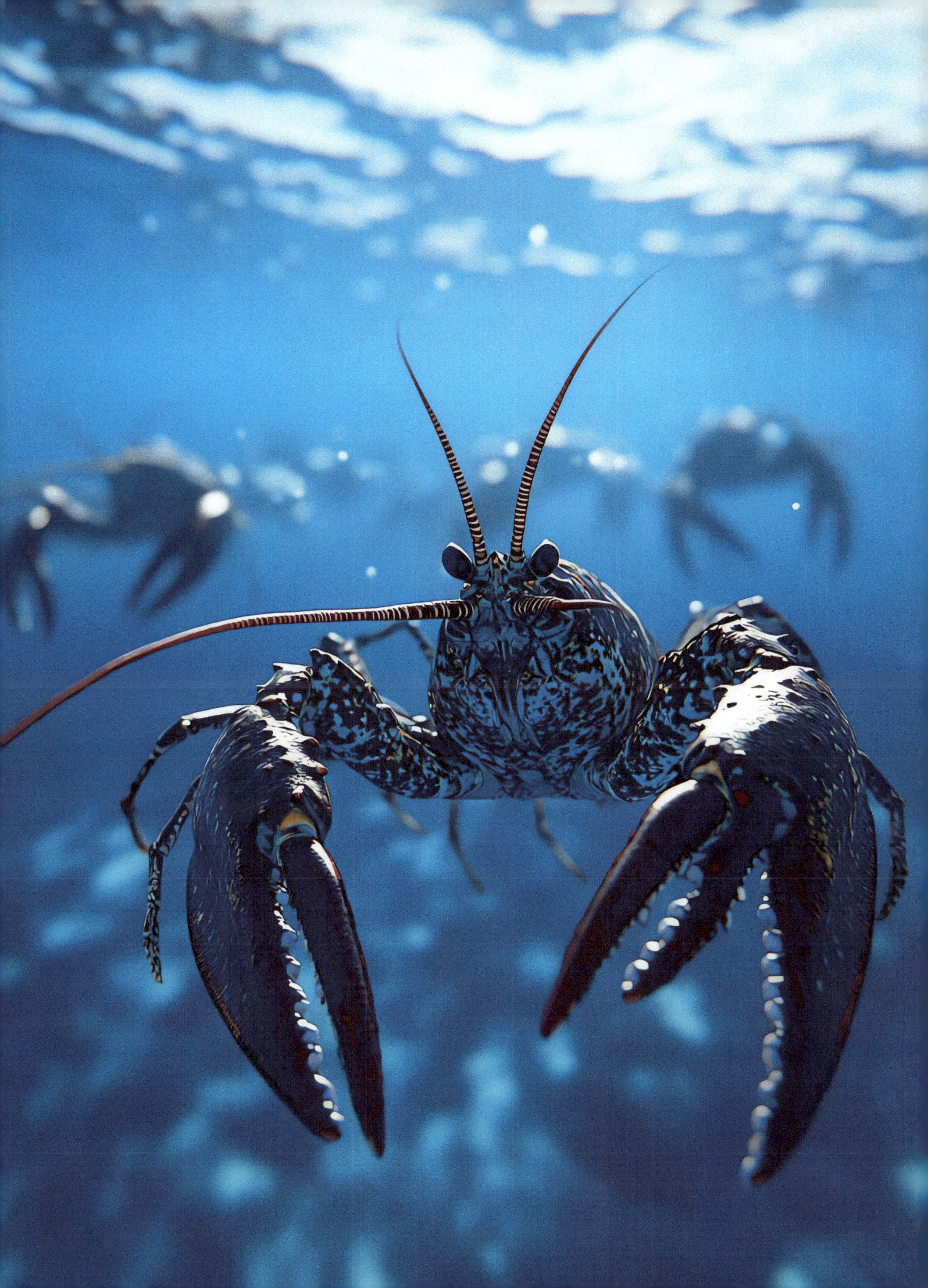

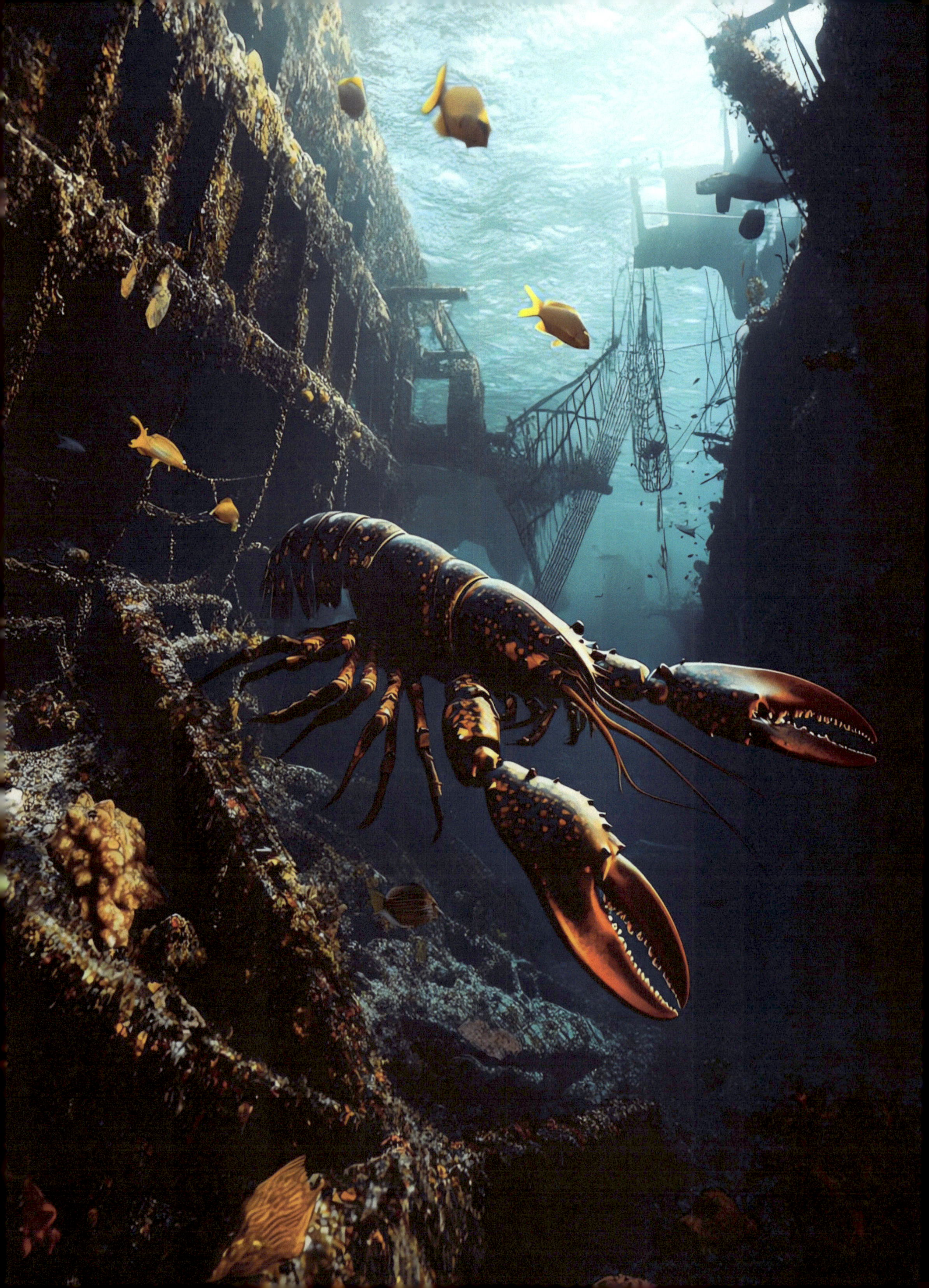

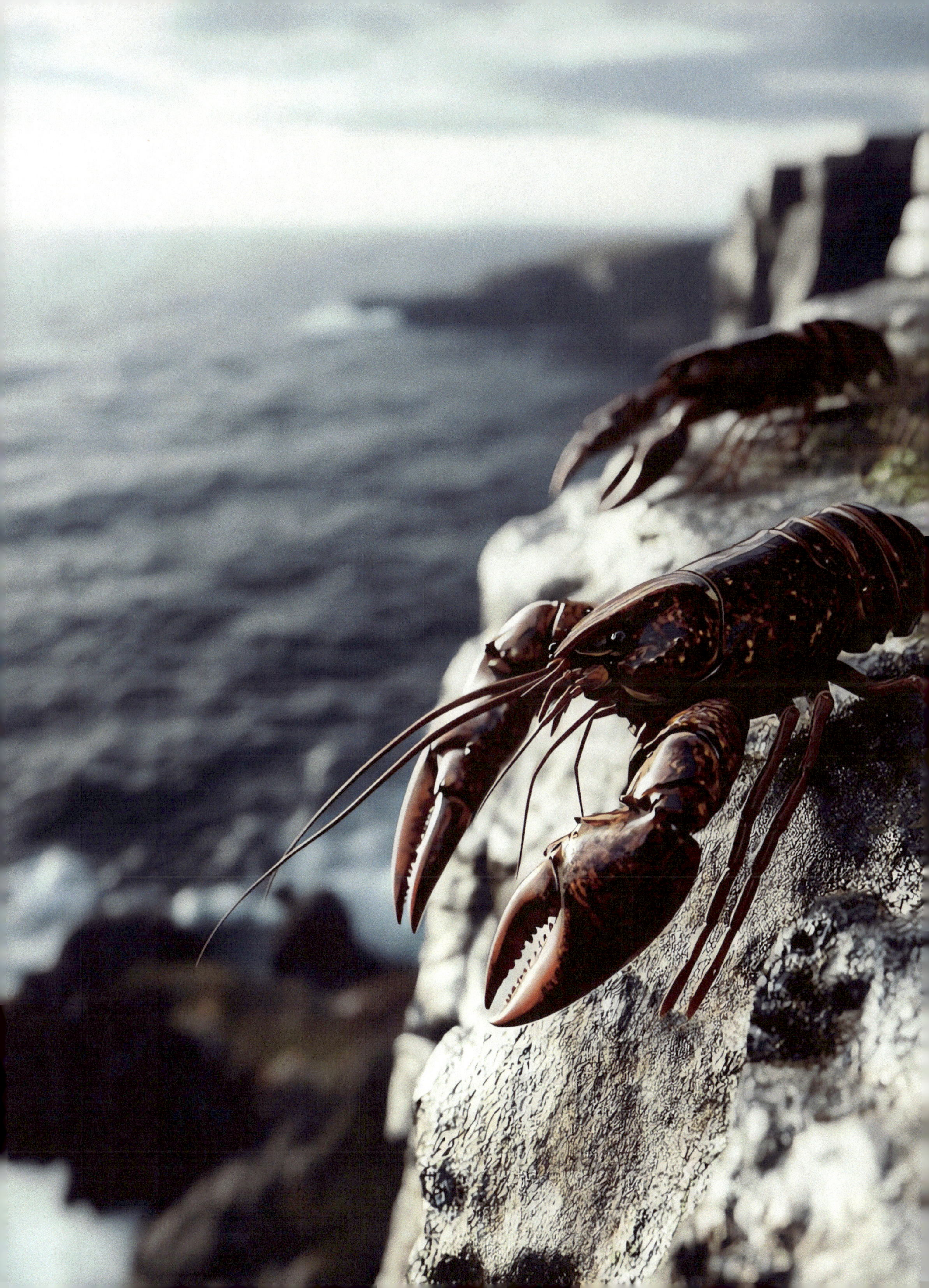

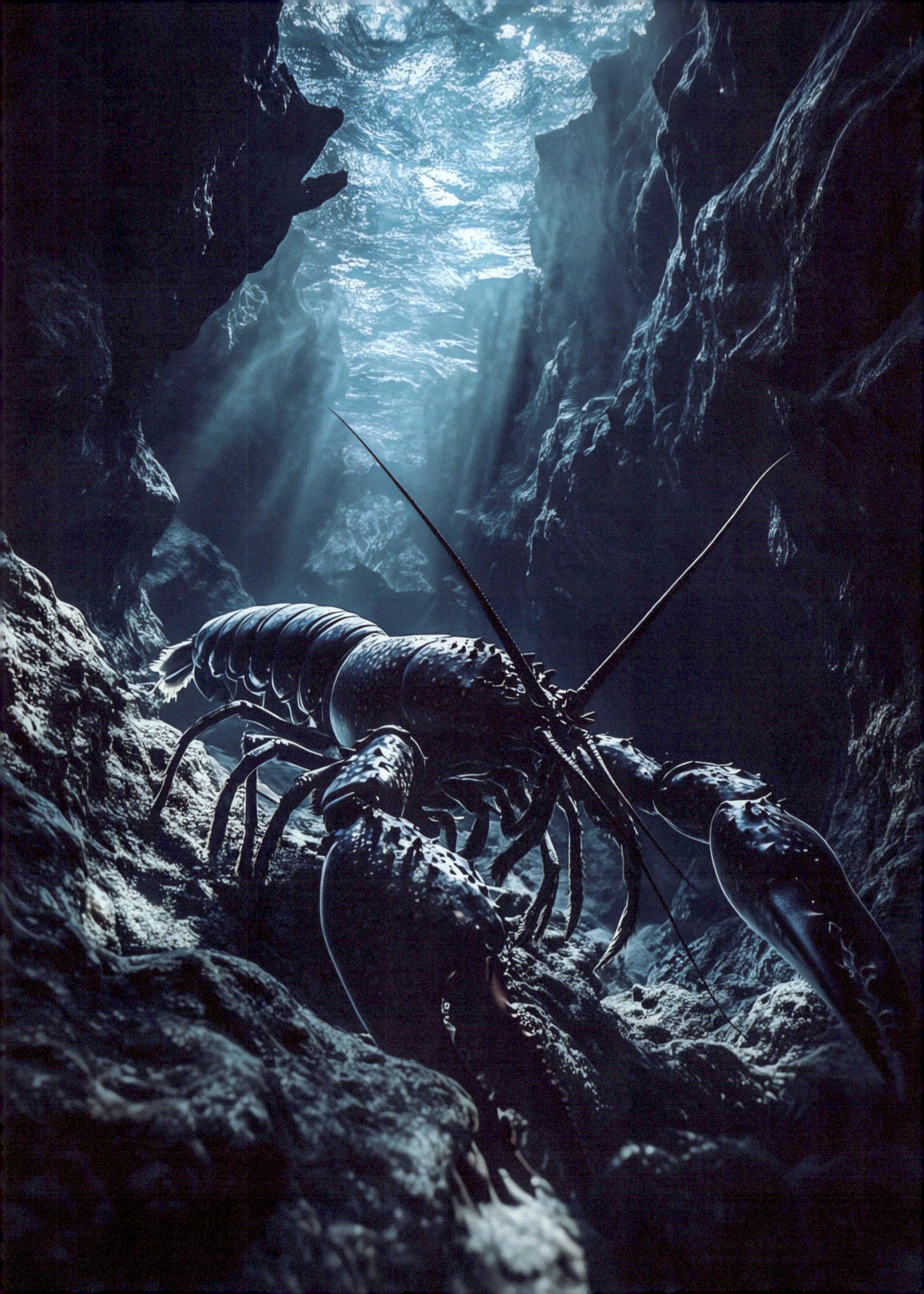

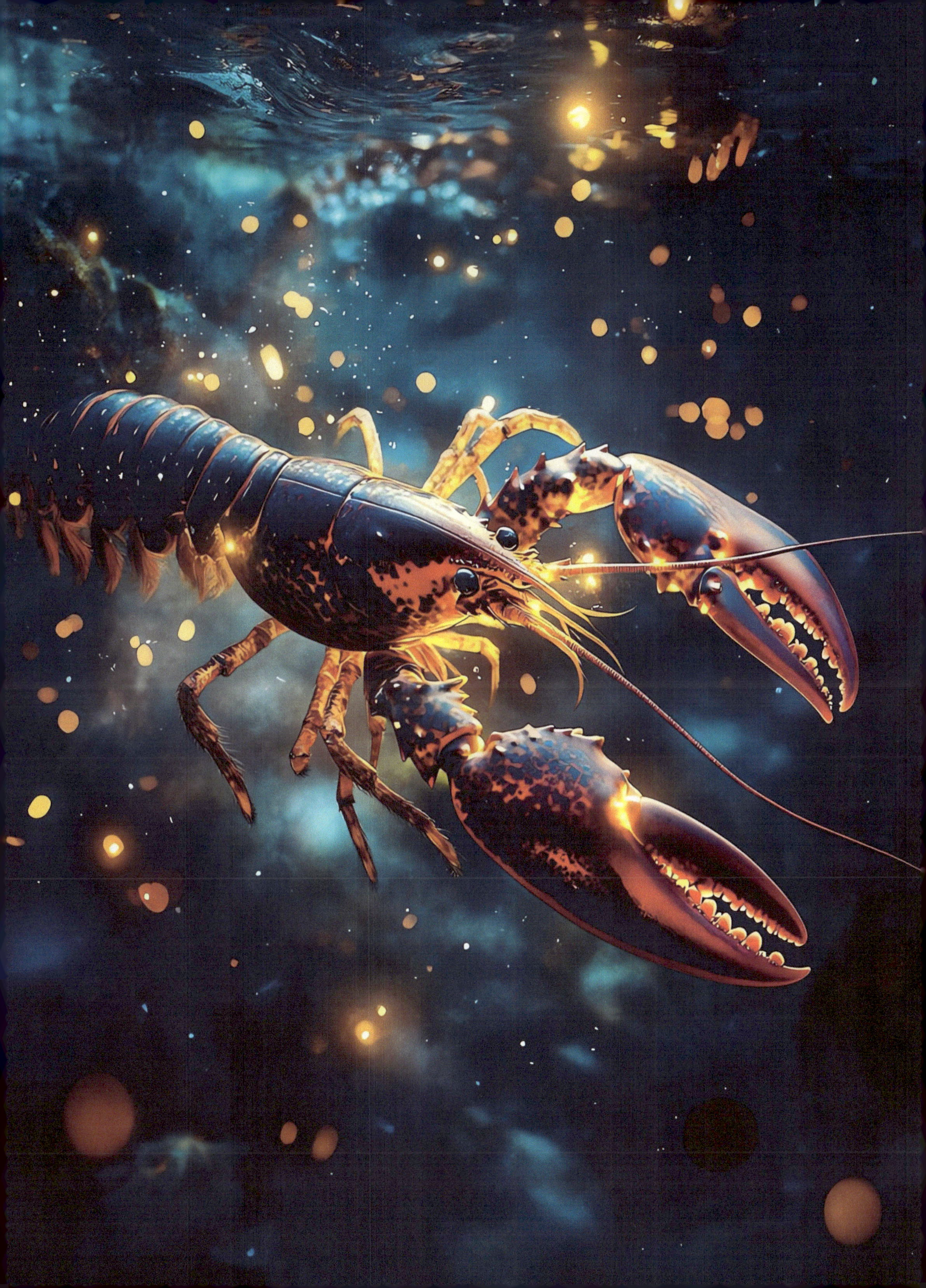

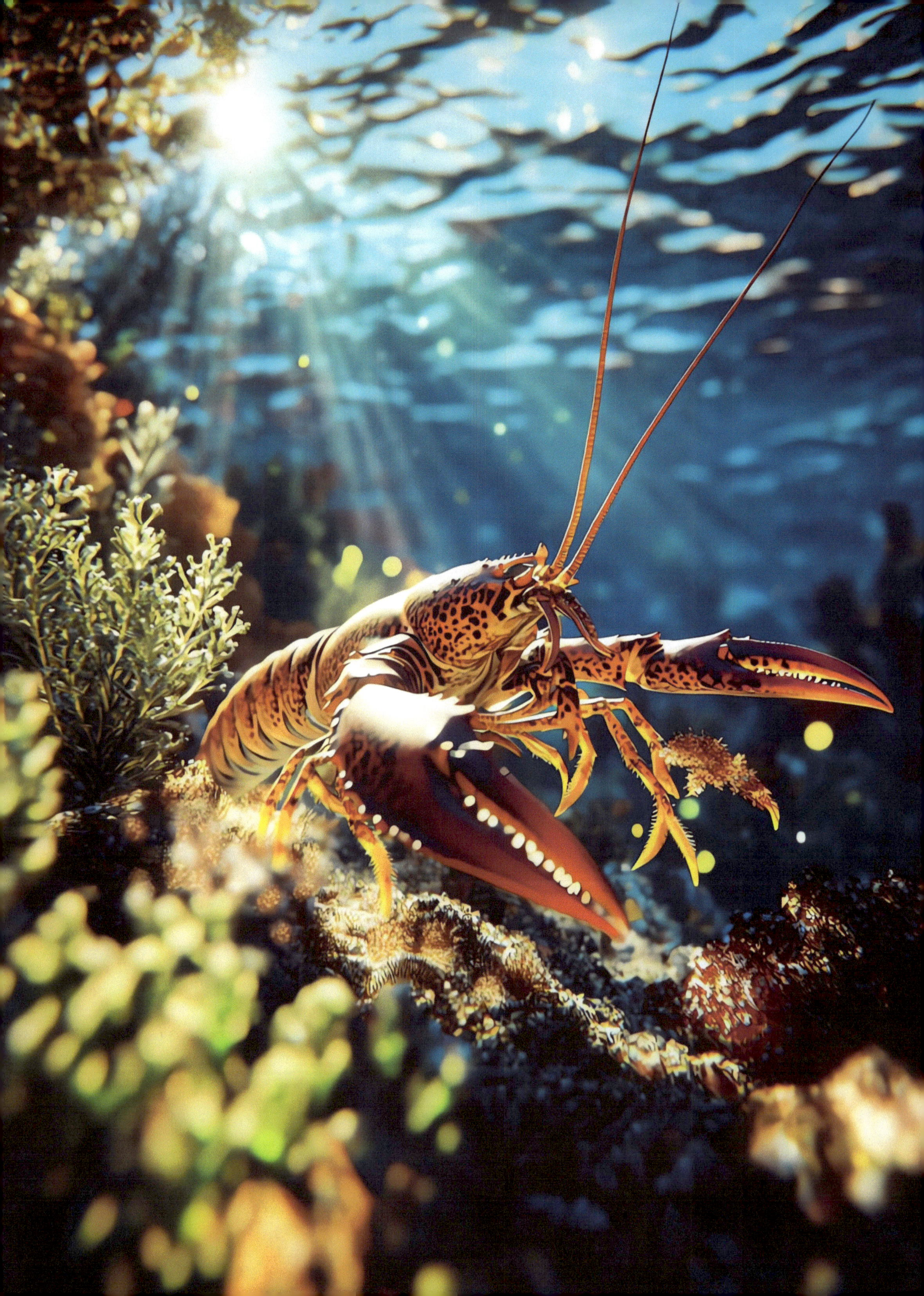

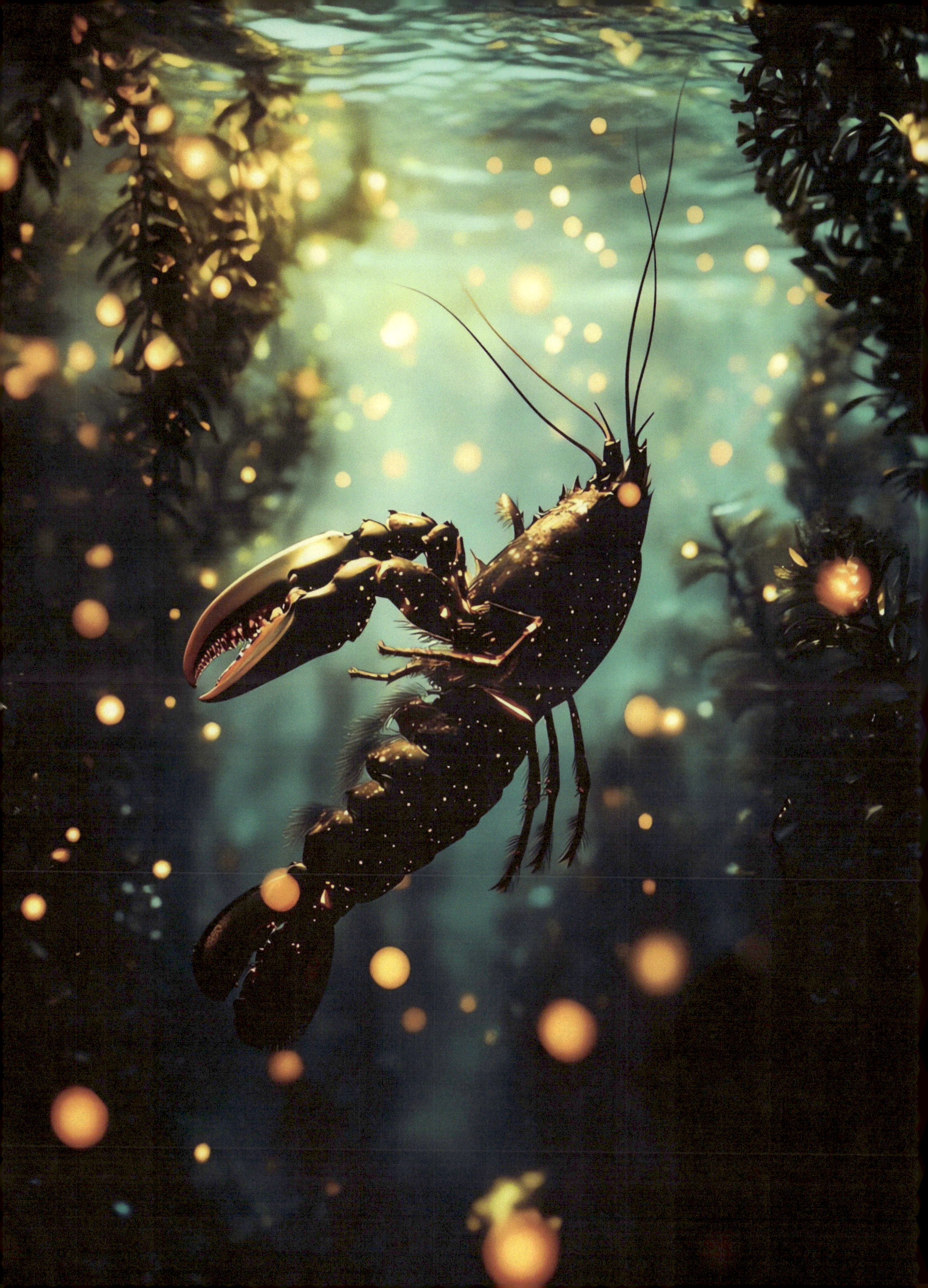

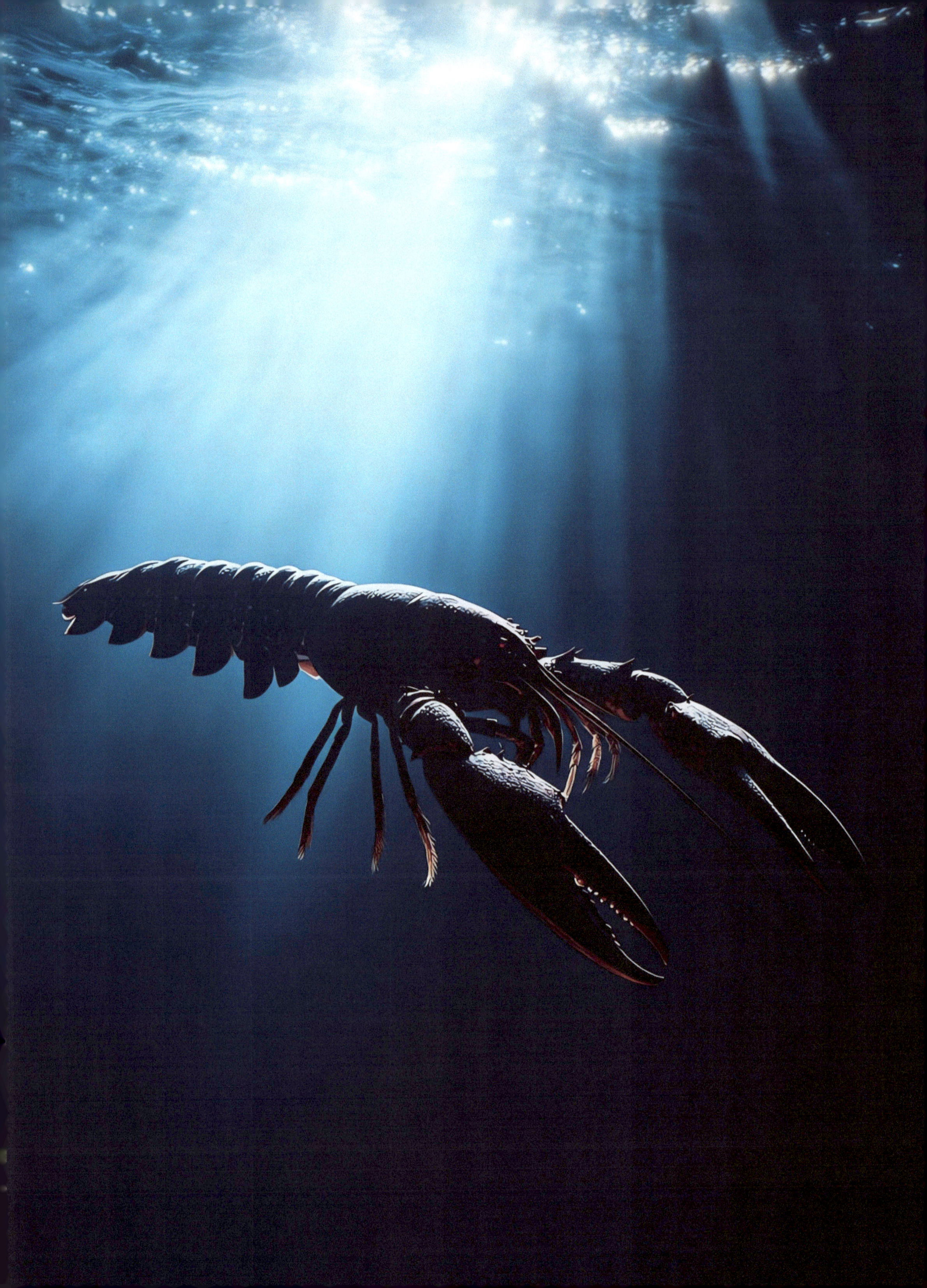

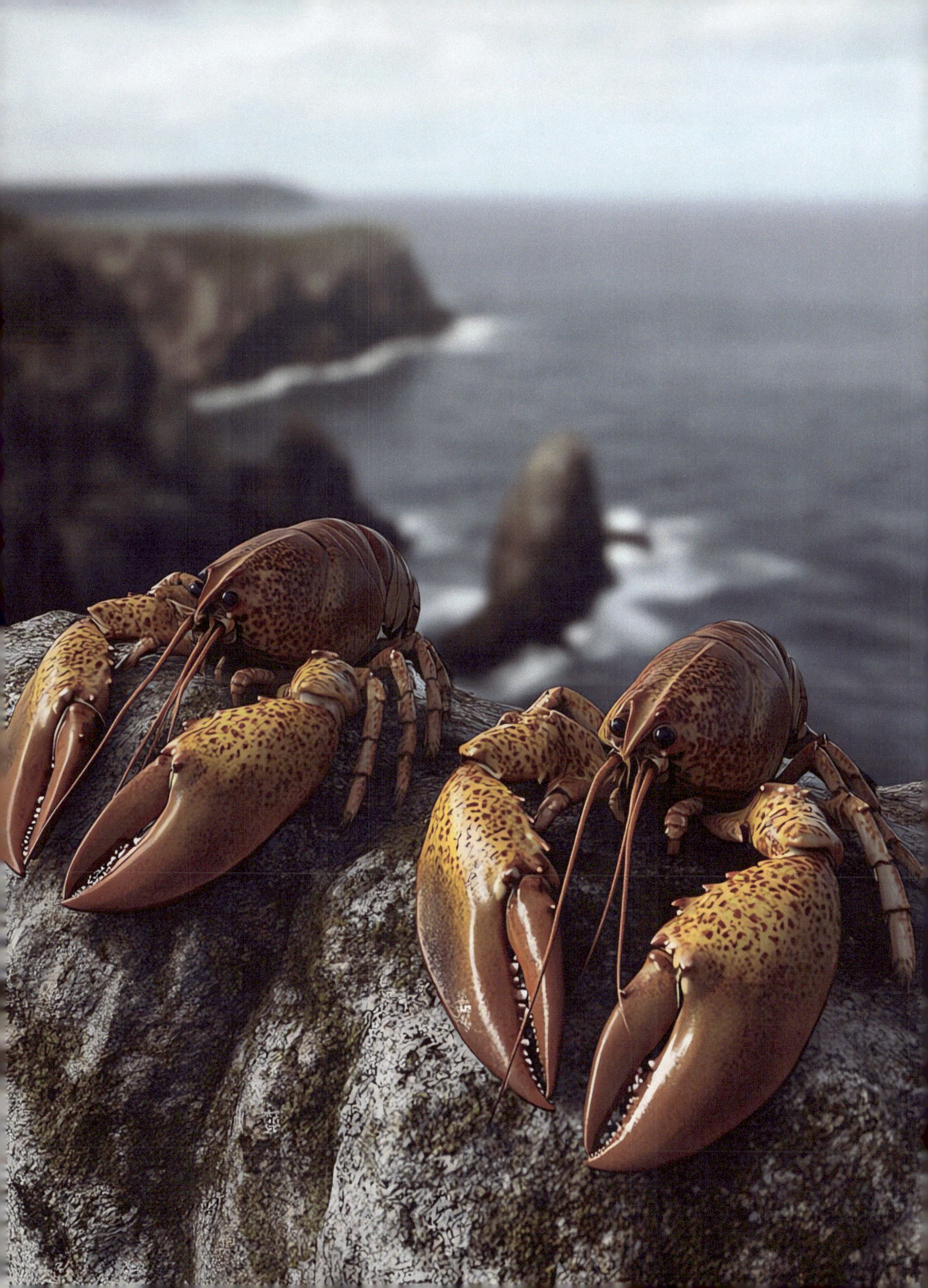

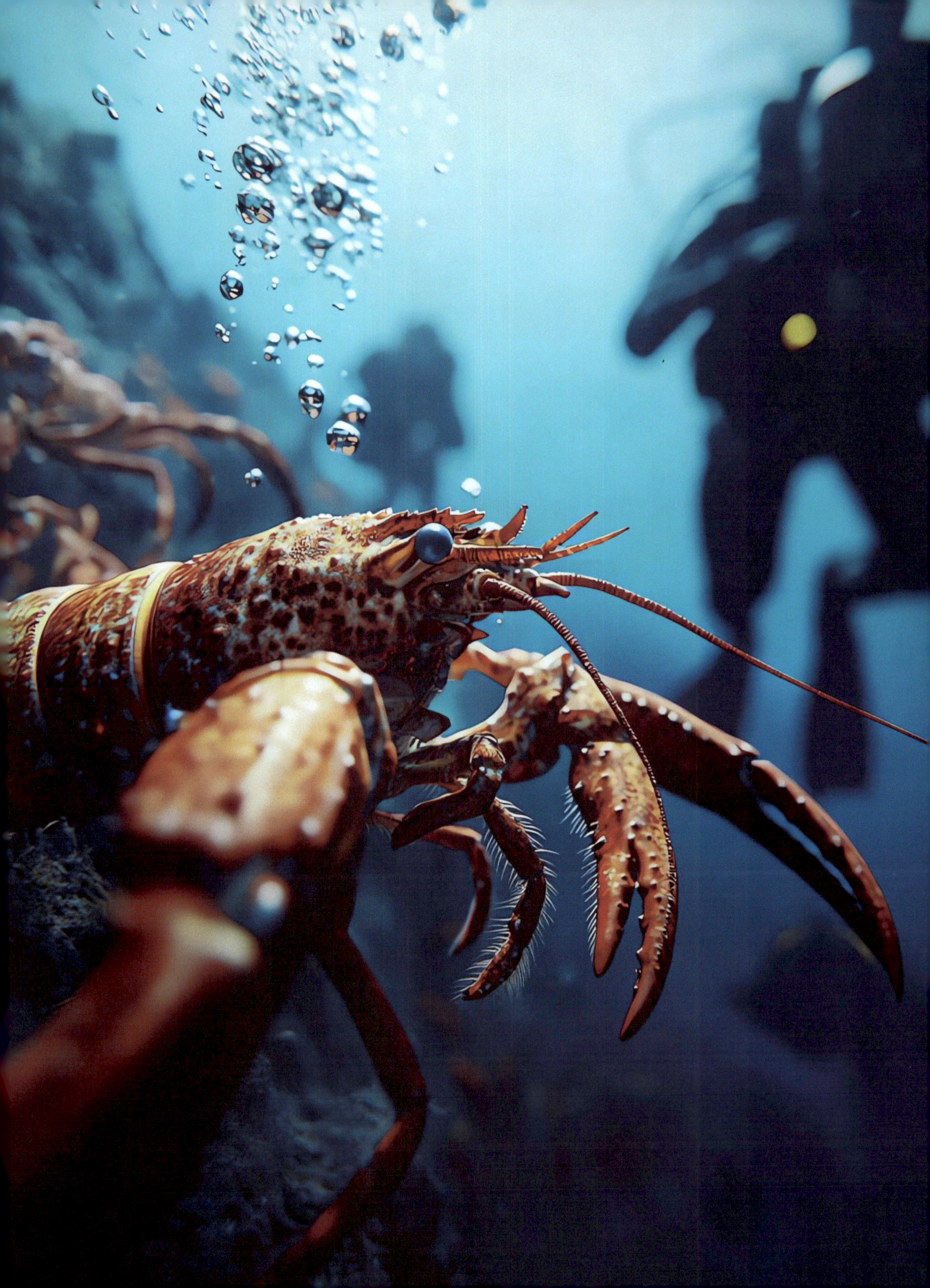

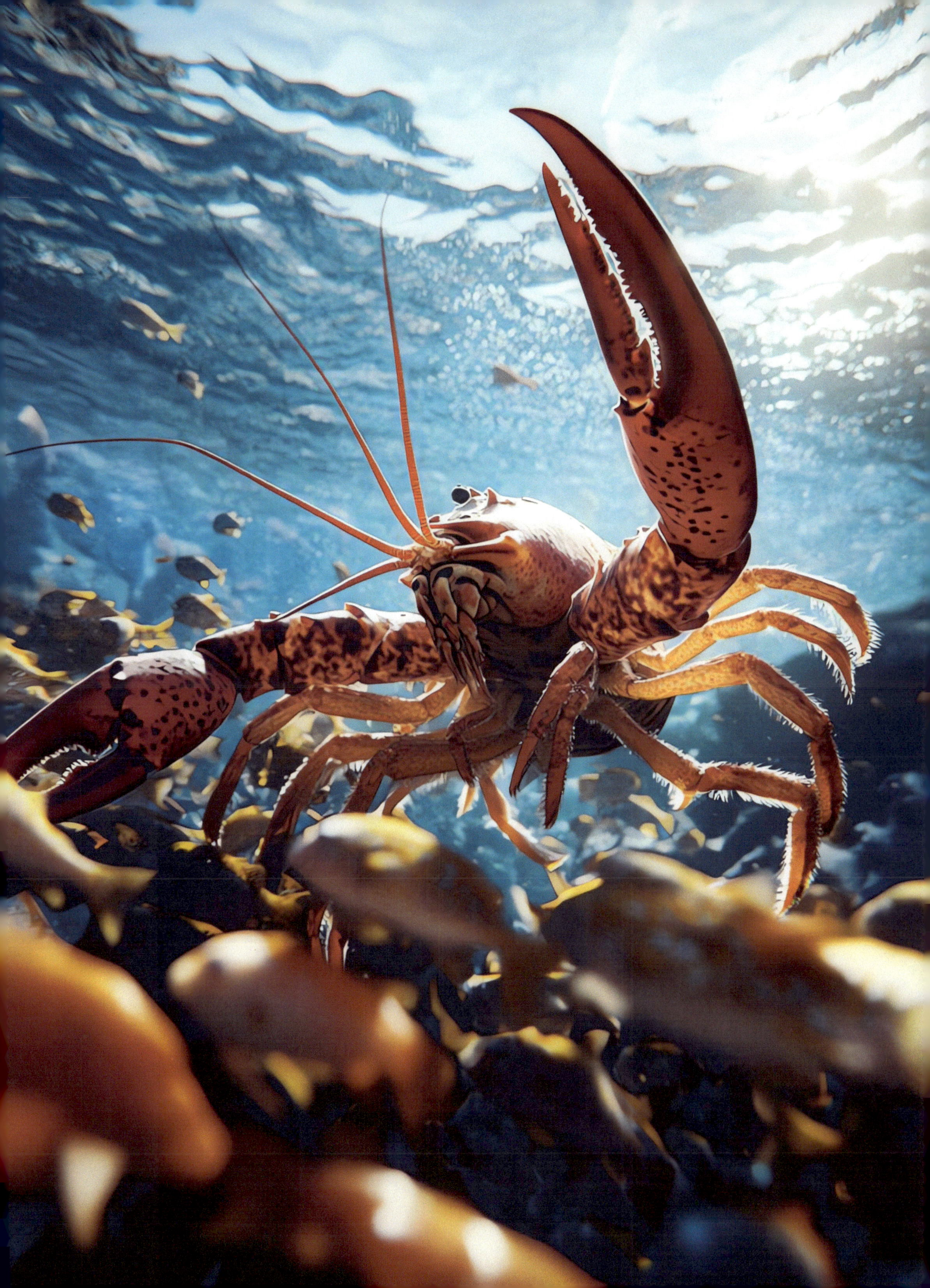

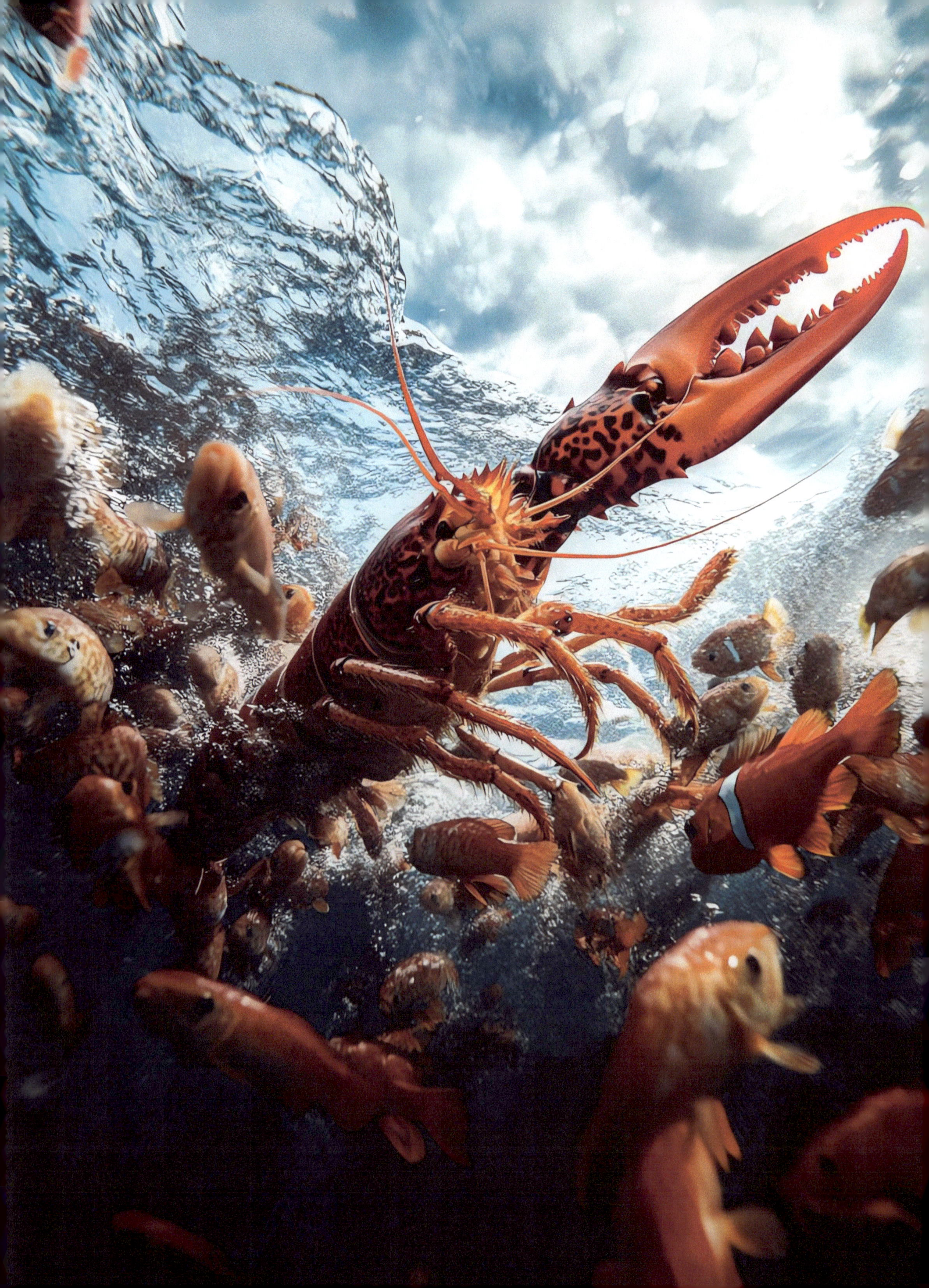

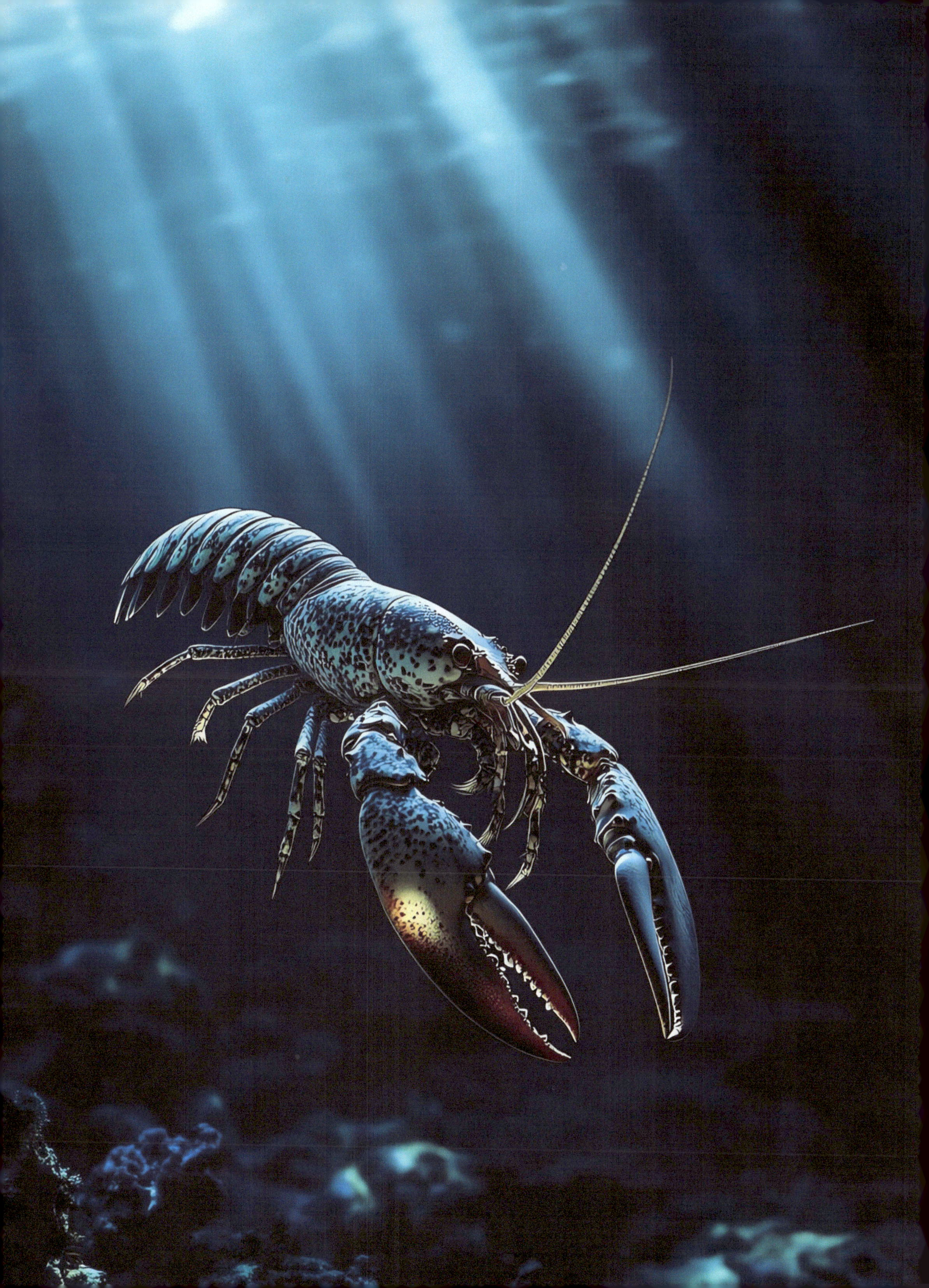

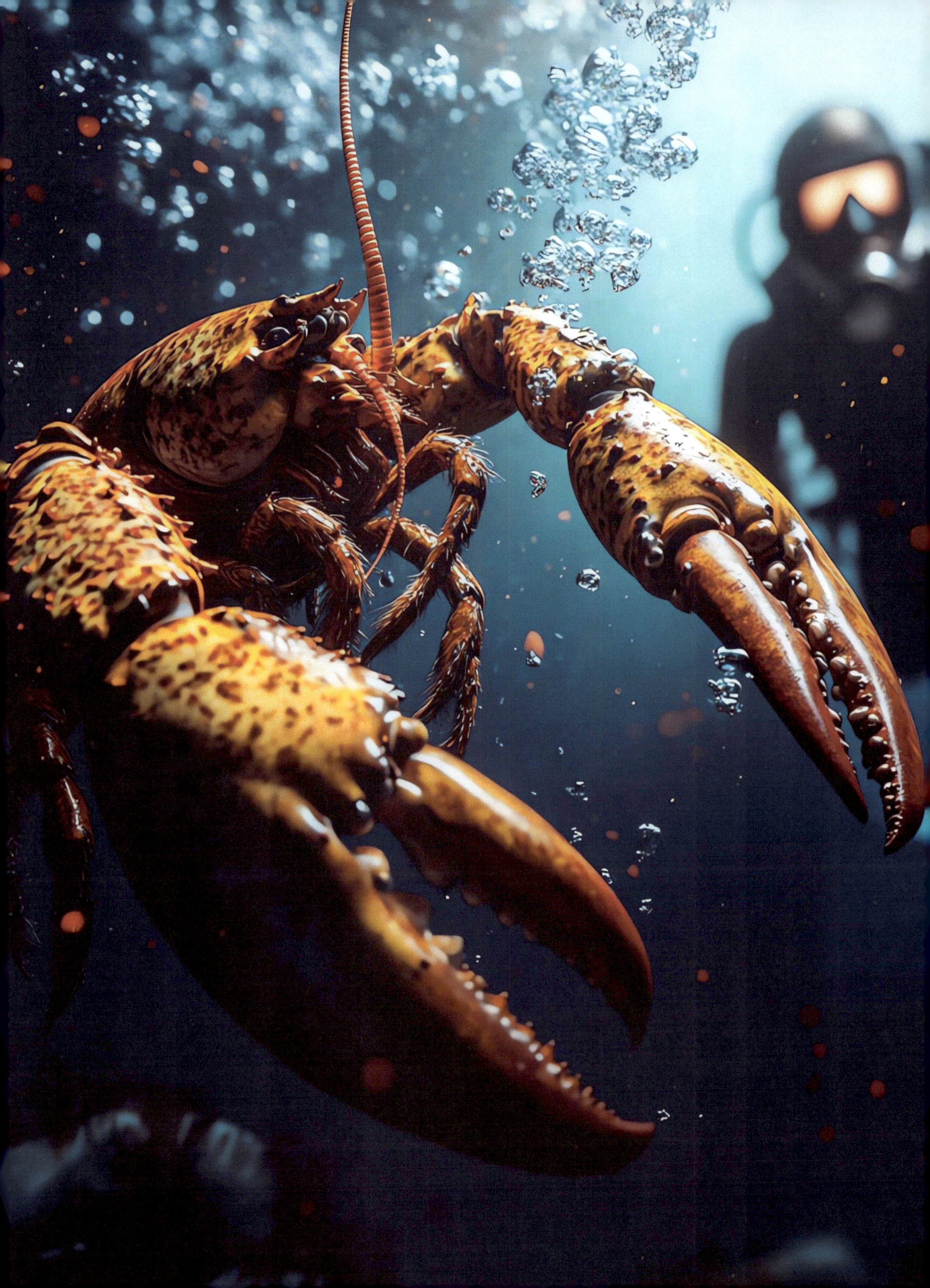

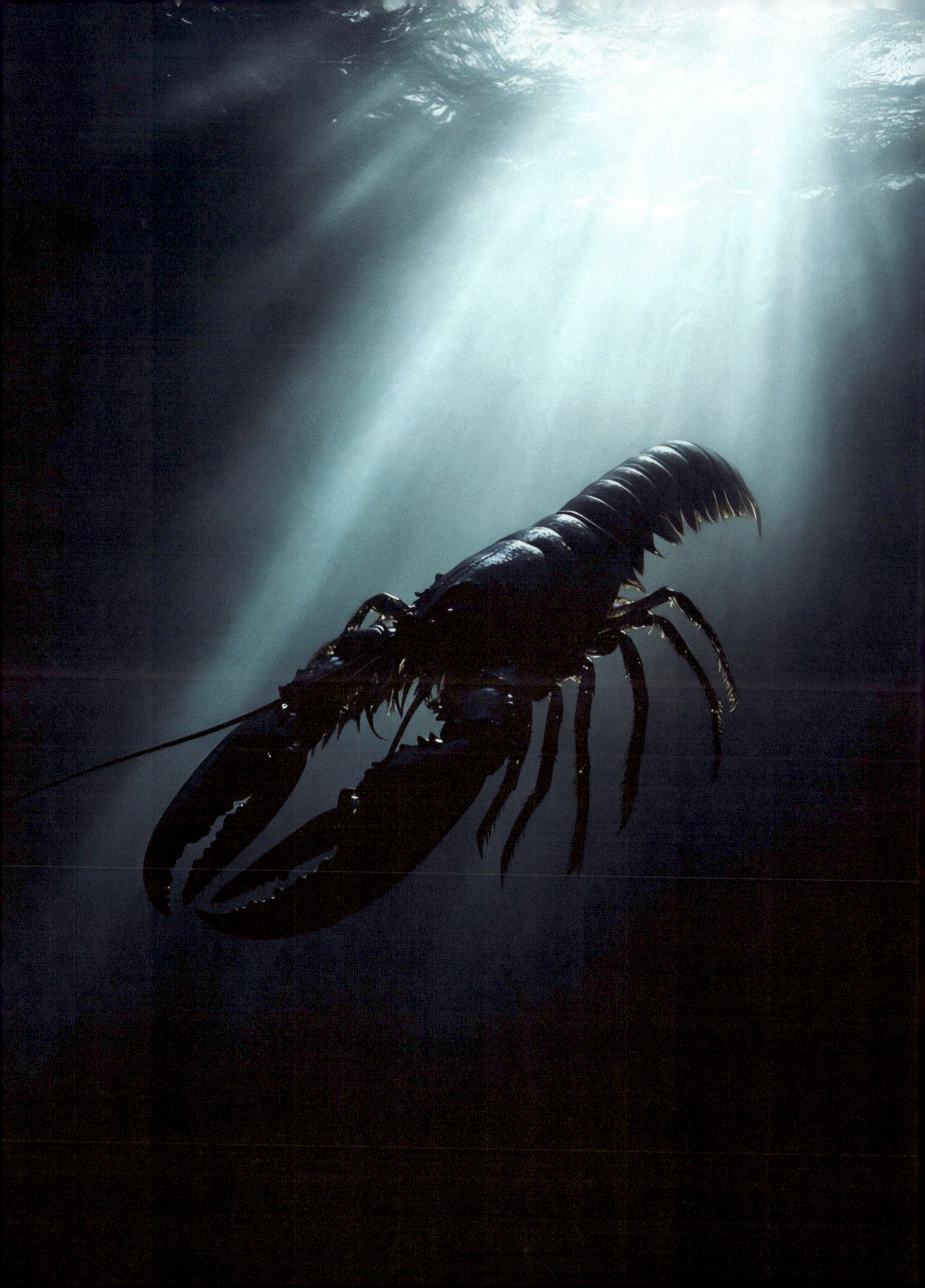

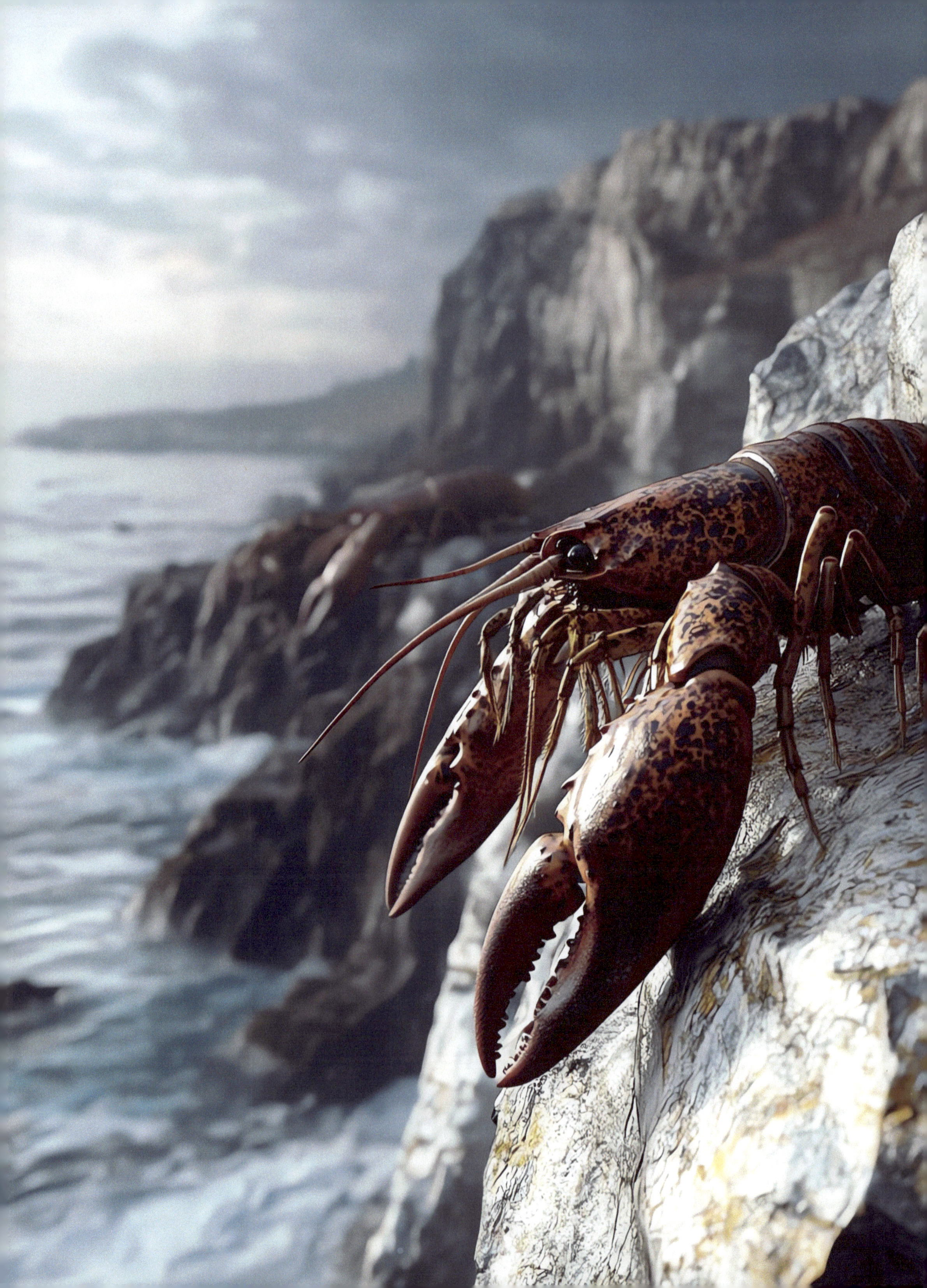

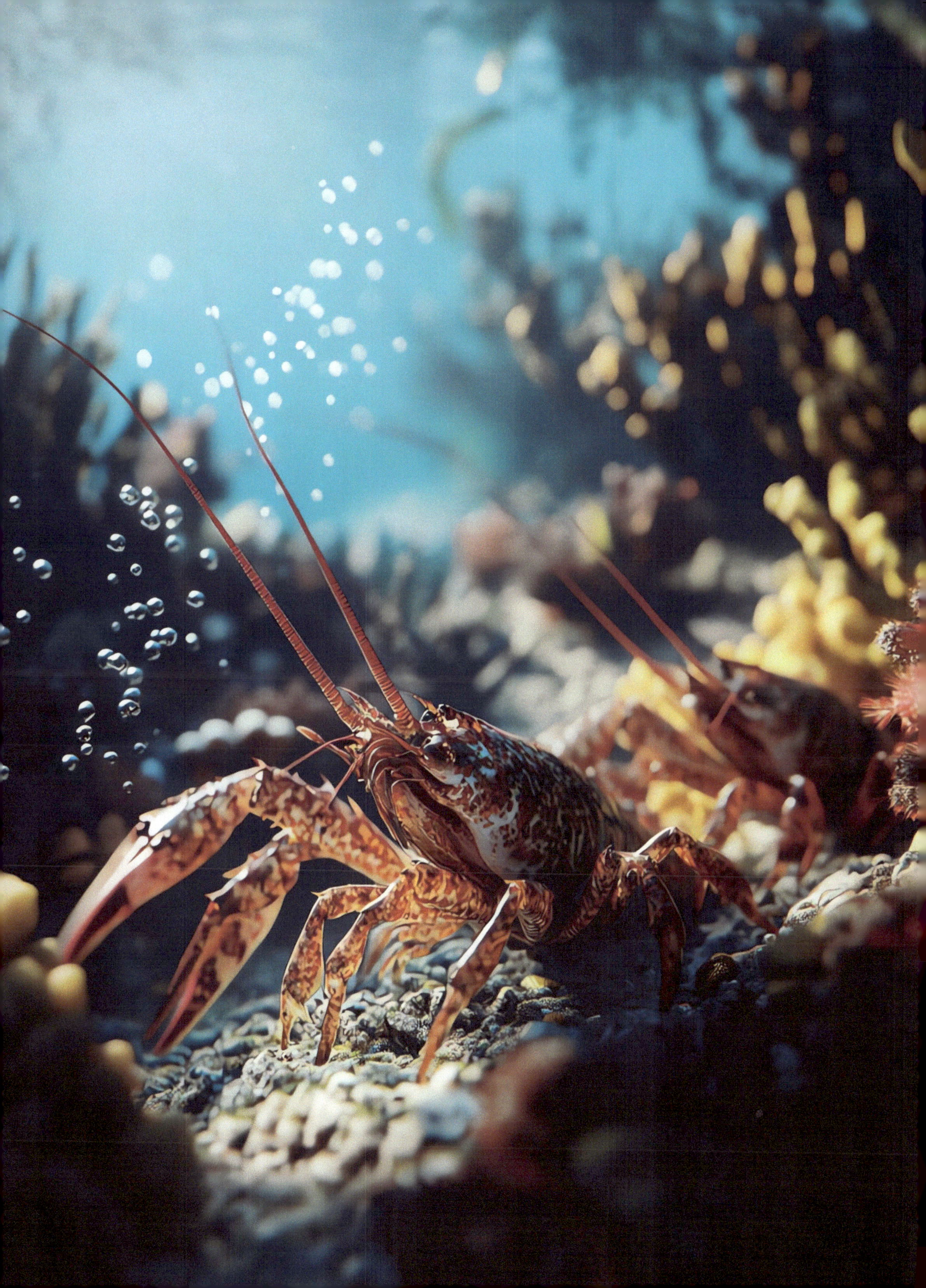

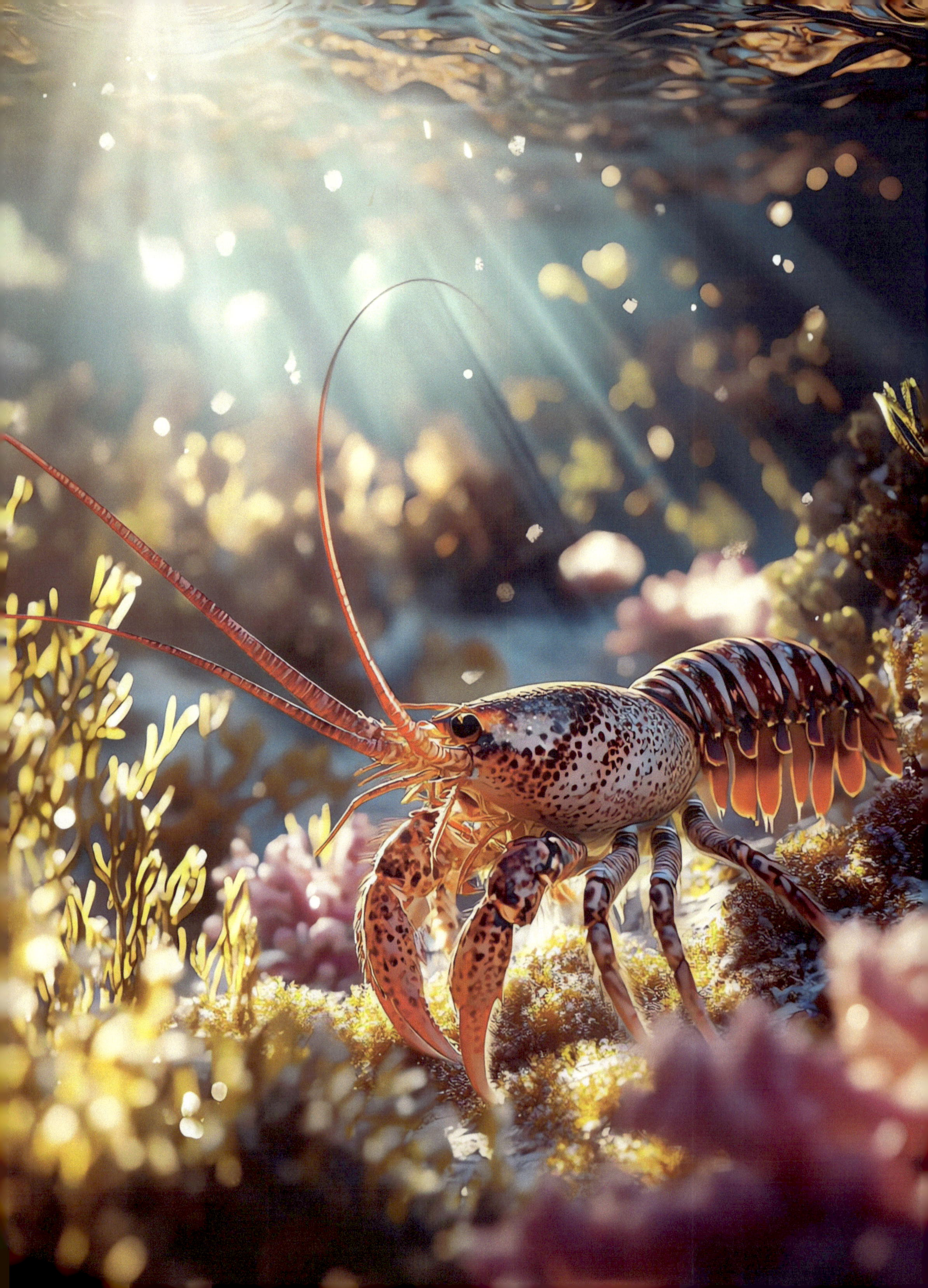

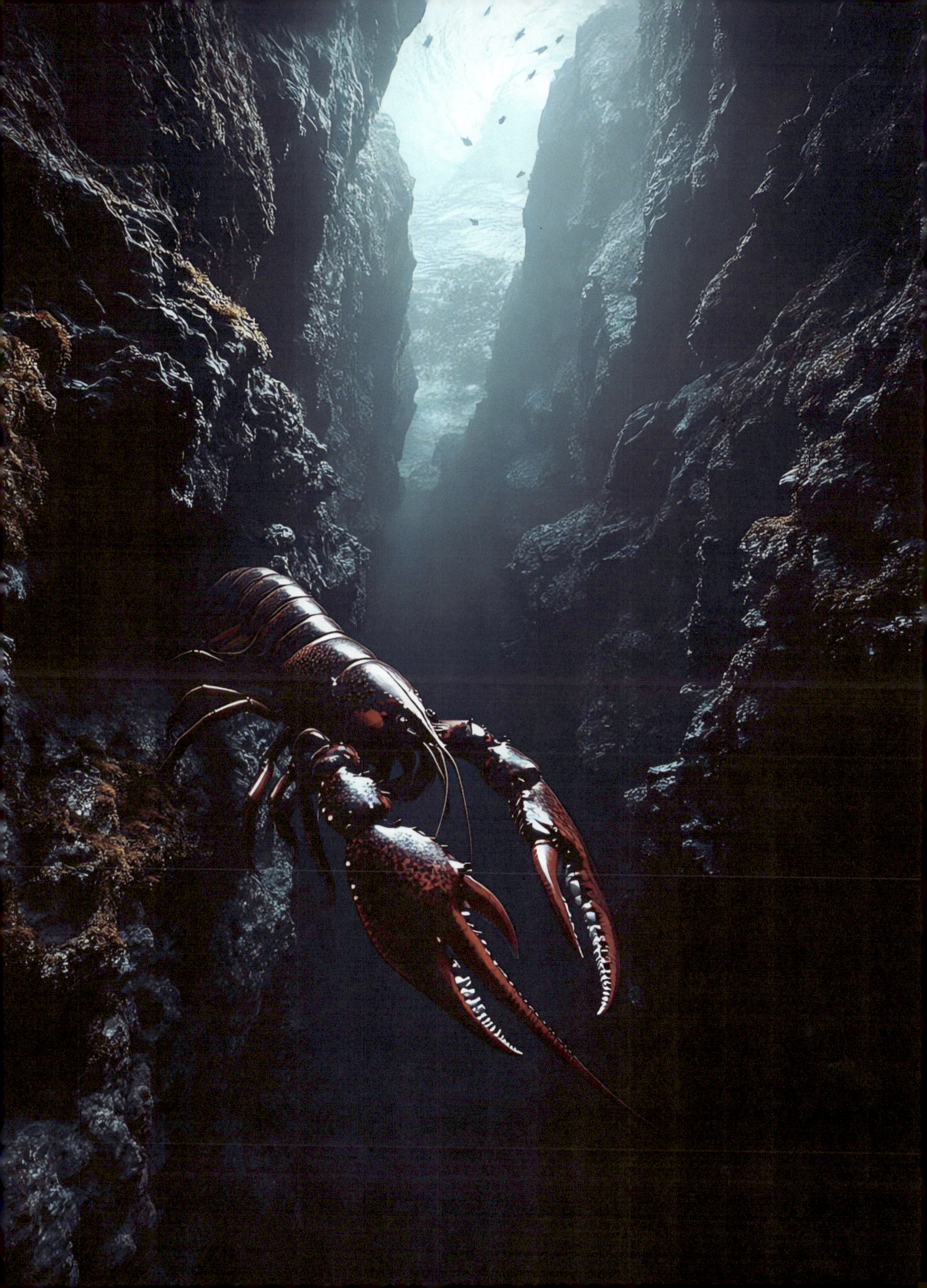

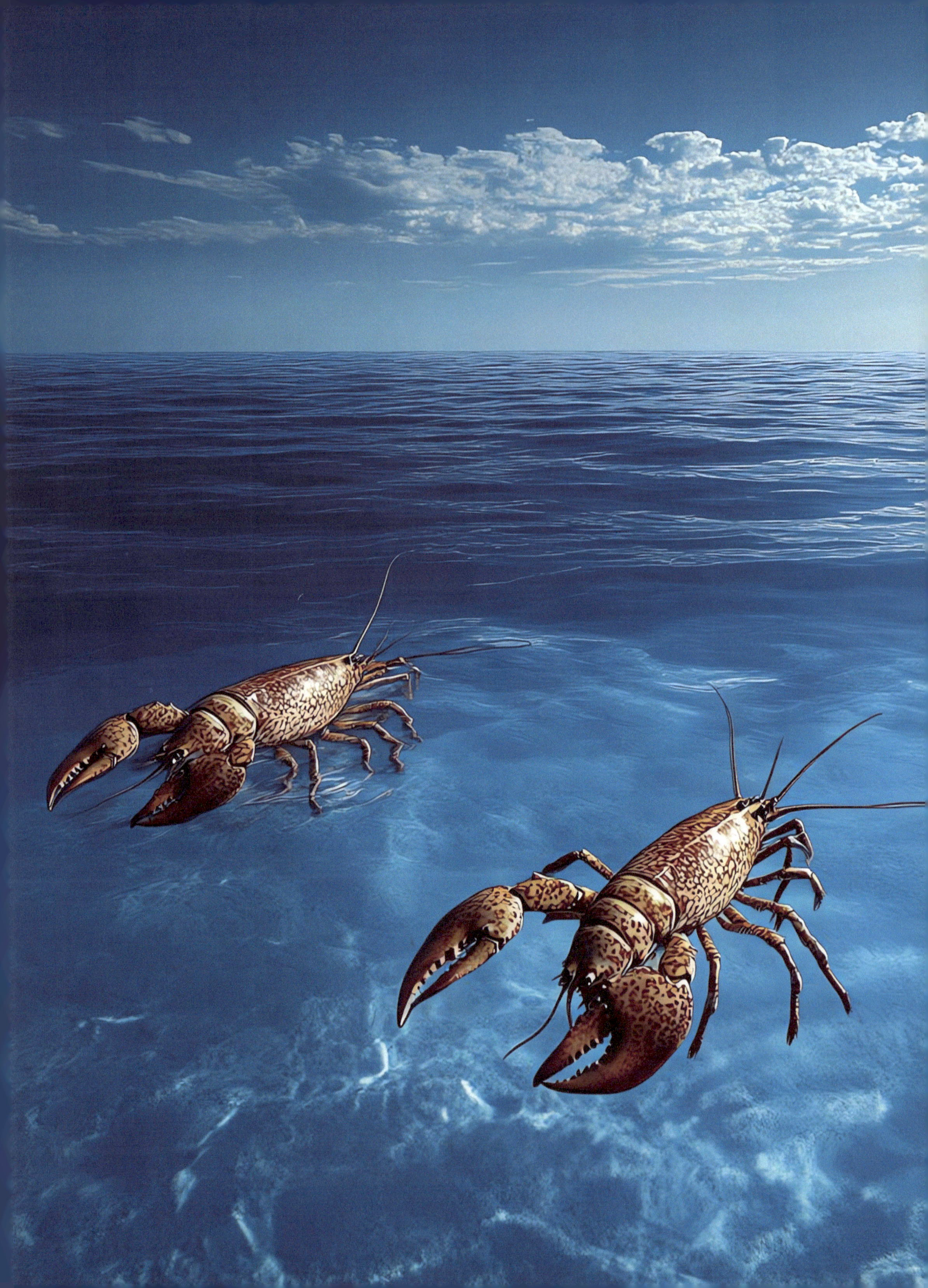

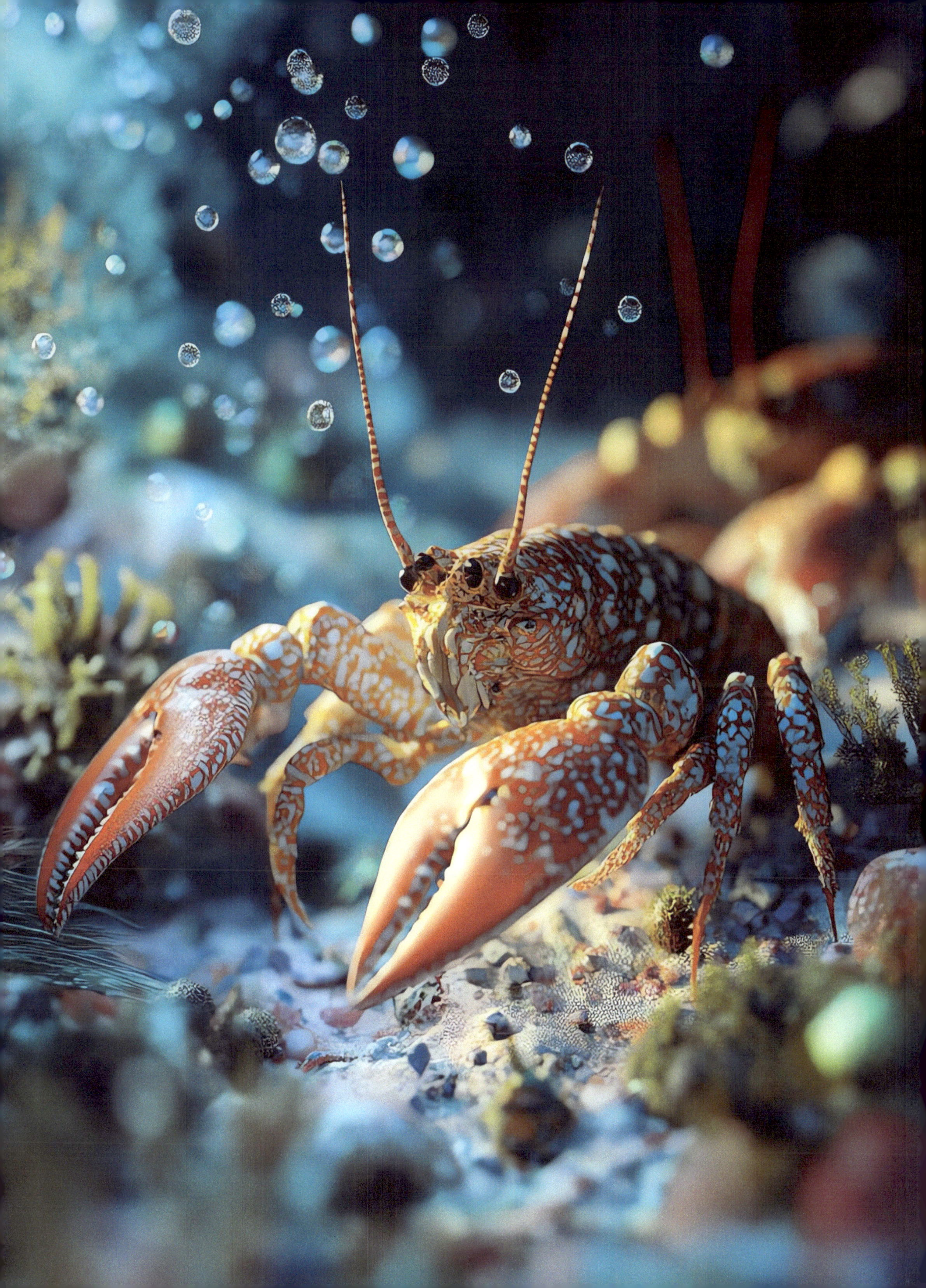

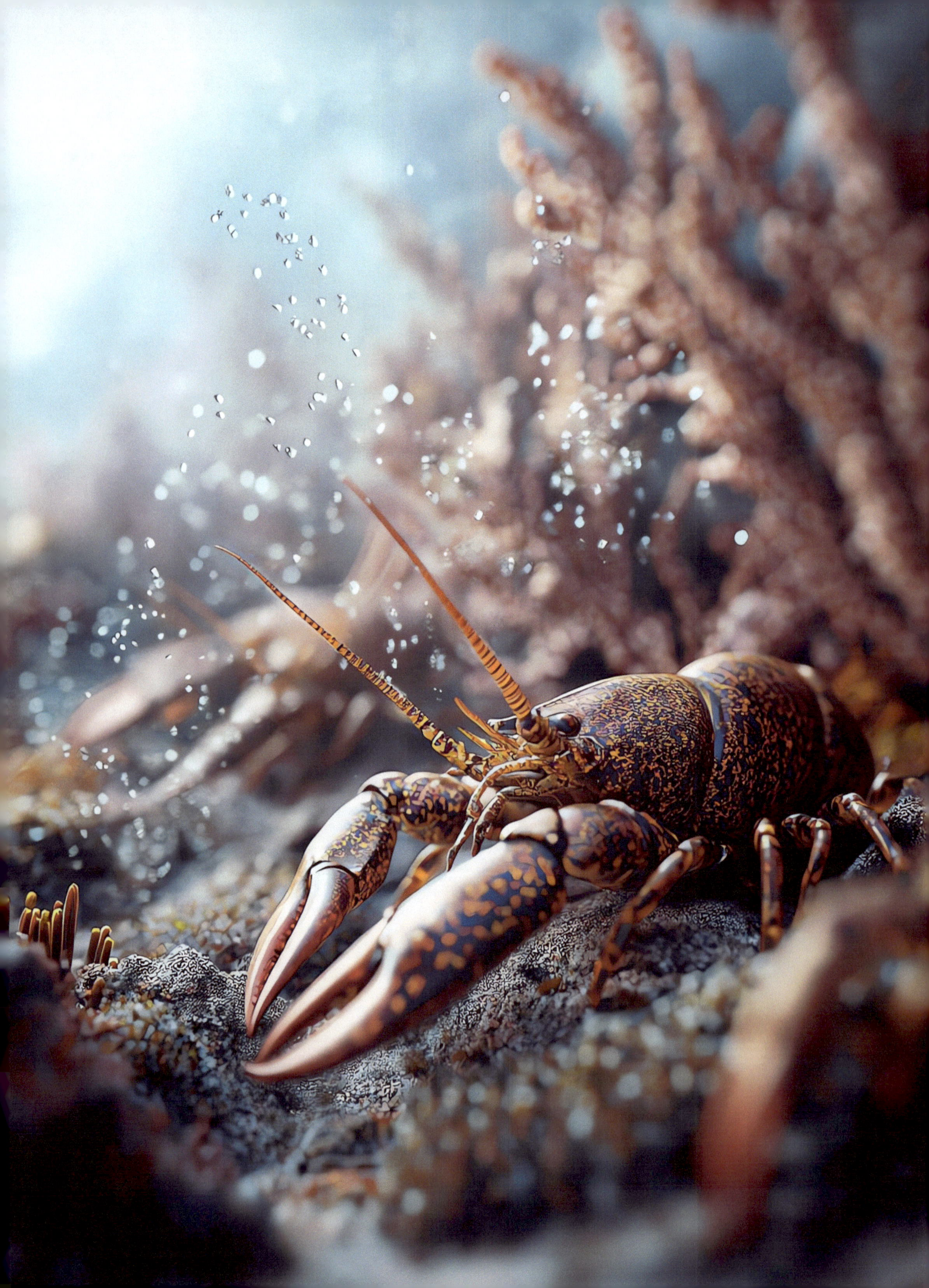